스트리트 스마트

Street Smart

ⓒ 2011 by Jim Randel

First published in USA in Rand Media Co, USA

Korean translation rights arranged with Rand Media Co , USA

through PLS Agency, Seoul.

Korean translation edition ⓒ 2013 by Dong-Hae Publishing, Korea.

이 책의 한국어판 저작권은 PLS Agency를 통한
저자와의 독점 계약으로 파주북(동해출판)에 있습니다.
신저작권법에 의하여 한국내에서 보호를 받는 저작물이므로
무단전재와 무단복제를 금합니다.

인생을 사는 똑똑한 지혜

STREET SMART

스트리트 스마트

짐 란델 지음 | 신소영 옮김

파주북

인생을 사는 똑똑한 지혜

"중요한 것은 비평가의 평가가 아니다.
명성은 실제 무대에 나가 직접 실행함으로써 얻어지는 것이다.
얼굴이 땀과 먼지로 범벅이 된 사람의 몫이며,
용감한 기개로 끝까지 버팀으로써 얻어지는 것이다.
번번이 능력이 부족해 실수를 거듭한 자의 것이다.
최고의 희열과 최고의 몰두를 경험한 자,
가치 있는 이유를 위해 자신을 완전히 쏟아 부은 자,
최고의 결과가 주는 최고의 승리를 경험한 자의 것이다.
용감하게 앞으로 나아가다 실패하더라도,
자신의 자리는 승리도 패배도 모르는
냉담하고 어리석은 영혼들 속에 있지 않다는 것을 깨달은 자의 것이다."

— 시어도어 루즈벨트(Theodore Roosevelt)

머리말 •10

서문 •12

제1장. 주식회사 YOU

주식회사 'YOU' •17 | 고독한 성공의 길 •19 | 열정에 매달리기 •21 | 엘리베이터 스피치 •23 | 난관 예상 •25 | 부가가치 •27 | 침착 •29 | 기업가 되기 •31 | 흑조와 머피의 법칙 •33 | 실패 •35 | 단점 개선 •37 | 이 사회 구성 •39 | 가장 중요한 차이 •41

제2장. 의사소통의 기술

피플 스킬 •45 | 중요한 찰나 •47 | 다시 읽고, 다시 쓰고, 다시 확인하기 •49 | 사람을 매혹시키는 에너지 •51 | 공통점 찾기 •53 | 침묵이 금 •55 | 팔랑 귀 •57 | 연설 •59 | 간결함 •61 | 유머는 신중하게 •63

제3장. 경력 개발 / 인맥 쌓기

인맥 쌓기 •67 | 피플 다이어리 •69 | 첫인상 •71 | 사회 자본 •73 | 경쟁 •75 | 자기 홍보 •77 | 기본예절 •79 | 부메랑 •81 | 모르는 사람과 접촉하기 •83 | 취업 인터뷰 •85 | 존중 •87 | 소셜 네트워크, 소개, 그리고 추천 •89 | 6단계 법칙 •91 | 골프 •93 | 무보수로 일하기 •95

제4장. 시간 관리와 생산성

시간 관리—파악하기 •99 | '해야 할 일' 목록 •101 | 우선순위 •103 | 시간약속 지키기 •105 | 생산성 •107 | 미루는 습관 고치기 •109 | 일상적인 일 •111 | 멀티태스킹 •113 | 메모하기 •115 | 파레토 법칙 •117

제5장. 영업과 설득의 기술

모멘텀 •121 | 희소성의 법칙 •123 | 긍정을 이끌어내기 •125 | 보고 듣는 방법 배우기 •127 | 협상 전략 •129 | 아이디어가 필요할 때 •131 | 후광효과 •133 | BATNA •135 | 사람을 궁지로 몰지 마라 •137 | 질문 다시하기 •139 | 백합에 금 입히기 •141 | 설득을 준비하라 •143 | 사람들은 왜 구매하는가 •145

제6장. 자기계발

변명 •149 | 긍정적 사고의 힘 •151 | 투지와 끈기 •153 | 인생은 공평하지 않다 •155 | 의지력을 강화하기 위한 전략 •157 | 아이처럼 •159 | 기억력 향상법 •161 | 낯선 것에 익숙해지기 •163 | 정신적 강인함 •165 | 훌륭한 근로 태도 •167 | 비용편익분석 •169 | 시각화 기법 •171 | 우연한 기회 •173 | 목표 구체화 •175 | 배를 불에 태우기 •177 | 두려움 •179 | 통제 •181 | 카이젠 •183 | 정직함과 장수 •185

제7장. 금융 지식

플로트(Float) •189 | 예산 세우기 •191 | 총급여와 실수령액의 차이 •193 | 개인 재무 보고서 •195 | 파산 신청 •197 | 5가지 신용카드 사용 제안 •199 | 당좌예금계좌(Checking Account), 현금자동입출금기(ATM), 직불카드(Debit Cards) •201 | 자동차 보험 •203 | 유치권과 저당권 •205 | 복리 •207 | 은행 대출 승인받는 방법: 3C's •209 | 중고차 구입하기 •211 | 유동성 •213

제8장. 상식

구매유도 광고 •217 | 계약 •219 | 임대 보증금 •221 | 체포 시 지침 사항 •223 | 세 장의 카드 속임수 •225 | 소액 사건 심판 •227 | 작은 활자 •229 | 원하는 것은 무엇일까? •231 | 추천 •233 | 마키아벨리 •235 | 사기방지법 •237 | 명의도용 •239 | 임대할 집 고르기 •241

제9장. 투자

자택 소유 •245 | 주식시장 •247 | 부동산 투자의 기본 •249 | 환율 •251 | 채권 투자 •253 | 금을 사는 이유 •255 | 타인의 돈 •257 | 주식 투자 •259 | 자신의 경제관념 파악하기 •261 | 72의 법칙 •263 | 생애 첫 내 집 마련 •265 | 세계화 •267 | 경제와 언론 •269 | '과거는 미래의 서막이다' •271

머리말

'스트리트 스마트(Street Smart)'란 실생활에서 배운 문제해결 기술이나 경험을 말한다. 스트리트 스마트에는 자기 자신을 홍보하는 방법, 자신을 보호하는 방법, 소통하고 협상하는 기술, 인맥을 쌓는 방법, 경제적 가치를 창출하는 방법, 기업가 정신, 금융상식 등 여러 가지가 포함된다.

이 책의 목표는 여러분이 치열한 경쟁에서 살아남고, 발전하기 위한 기술을 전수하는 것이다. 또한 자신의 잠재력을 극대화시킬 수 있도록 돕기 위함이다.

이 책에 담긴 교훈의 출처는 다양하다. 첫째로, 우리는 명성 있는 멘토 집단을 구성하여, 운동선수, 사업가, 연예인, 군인, 정치가 등 다양한 분야에서 성공한 사람들의 이야기를 모았으며 우리는 멘토들에게 성공을 위해 필요한 실생활의 기술에 대해 조언을 구했다. 둘째로, 독자들로 구성된 팀에서는 지난 200년간 발행된 자기 계발서를 모두 구입하여 가장 중요한 교훈들만 선정했다. 벤자민 프랭클린(Benjamin Franklin), 도로시 브랜드(Dorothea Brande), 나폴레온 힐(Napoleon Hill), 데일 카네기(Dale Carnegie), 노먼 빈센트 필(Dr. Norman Vincent Peale), 앤서니 로빈스(Anthony Robbins), 스티븐 코비(Stephen Covey), 에크하르트 톨레(Eckhart Tolle)와 같은 위대한 멘토들로부터 교훈을 얻을 수 있었다. 이들이 남긴 시간을 초월한 가르침은 이 책 여러 군데서 찾아볼 수 있을 것이다. 마지막으로, 우리는 전문가 집단에게 도움을 청했다. 그리고 독자들이 이 책에서 반드시 알고 넘어가야 할 가장 중요한 사항들에 대해 전문가들에게 묻고 확인 받을 수 있었다.

그리고 꼭 당부하고 싶은 말이 있다. 이 책은 성공이 쉬운 것이라고 말하지 않는다. 너무 많은 사람들이 성공을 위한 특별한 비결을 찾아 헤맨다. 야망을 실현해 줄 빠르고 고통 없는 방법을 찾는다. 안타깝지만 그런 비결은 존재하지 않는다. 당신이 원하는 삶을 살려면 열심히 노력해야 한다. 기회를 잡고, 불편을 감수하고, 역경에 맞서고, 인내심을 가져야 한다. 우리는 성공을 위한 도구를 제공할 뿐이다. 그리고 그 도구를 사용하는 사람은 바로 당신이다.

서문

이 책에는 멘토들과 내가 가장 중요하다고 생각하는 많은 교훈들이 담겨 있다. 이 지침들을 알아두고 익혀두면 실생활에 매우 유익할 것이다.

이 책에서 아주 새로운 내용을 다루는 일은 거의 없을 것이다. 이 책은 25년에 걸쳐 성공한 사람들의 삶에 대해 읽고 관찰한 연구 결과이다. 나는 내가 관찰하고, 듣고, 읽은 것 중에서 최고의 결과물을 가려내어 여러분에게 전달하기 위해 노력했다.

내가 가장 좋아하는 이야기 중 하나는 데일 카네기의 일화이다. 1936년에 카네기는 가장 널리 읽히는 자기계발서 중 하나인 『데일 카네기의 인간관계론(How to win Friends and Influence people)』을 썼다. 하지만 출간 당시에는 교육자, 평론가, 그 외 모든 지식인들로부터 비판을 받았다. 책이 담고 있는 내용 가운데 새로운 것이 거의 없었고, 지나치게 단조롭고 감상적이라는 이유 때문이었다.

카네기는 자신을 비판하는 사람들 앞에서 연설을 통해 답했다.

"제 책에 대해 비판하시는 분이 많은 줄로 압니다. 사람들은 제 이론이 심오하지 않고 제 책에 심리학이나 인간관계에 대한 새로운 내용이 담겨있지 않다고 말합니다. 사실입니다. 저는 뻔한 내용을 다룹니다. 저는 뻔한 내용을 이야기하고, 반복하고, 찬양합니다. 왜냐하면 뻔한 내용이야 말로 들을 가치가 있는 것이기 때문입니다."

나는 '스마트 스트리트를 통해 다양한 주제에 걸쳐 이미 알려진 내용 중 최선의 것을 모아 간결하고, 읽기 쉽고, 재미있는 형태로 구성하고자 했다. 이 책에 적힌 내용이 나의 독창적인 생각에서 나왔다고는 말하지 않겠다. 오히려 이 책은 수많은 사상가, 작가, 교육자들이 가졌던 생각을 한데 모은 것이다.

one.

제1장. 주식회사 YOU

베스트셀러 저자인 톰 피터스(Tom Peters)는 최초로 주식회사 'YOU'의 개념에 대해 언급했다.
피터스는 사람들이 자기 자신을 브랜드나 제품이라 여기고,
YOU라는 회사의 가치를 끌어올리는 일이라면 무엇이든 하라고 제안했다.
이어지는 교훈들은 주식회사 'YOU'의 잠재력을 극대화하기 위한 아이디어들이다.

많은 사람들은 자기 자신보다 자동차에 더 많은 돈을 쓴다.

주식회사 'YOU'

주식회사 'YOU'는 당신이 CEO이자 유일한 주주인 회사를 말한다. 이 회사는 당신의 기술이나 지식, 또는 경험을 모두 합쳐 자산으로 만든 독립체이다. 이 자산은 당신의 인맥 가치이자 시장 가치를 의미한다.

주식회사 'YOU'의 가치는 당신이 계속 키워나가야 한다. 직업이 있고 없고는 상관이 없다. 아직 학생이더라도 주식회사 'YOU'의 가치에 대해 끊임없이 고민해야 한다. 미래에 누군가가 당신을 고용할지 안할지는 주식회사 'YOU'의 가치에 달려 있다.

> "다행히도 눈에 띌 수 있는 기회는 누구에게나 있다. 배우고 발전하고 기술을 쌓을 수 있는 기회도 누구에게나 있다. 따라서 주목받을 만한 브랜드 가치를 만들 기회도 누구에게나 열려 있다."
>
> — 톰 피터스(Tom peters)

당신이 수익을 내기 위한 기술을 갖고 있다면, 회사는 당신을 고용할 것이다. 경제가 어려운 시기에도 회사에 수익을 낼 수 있게 하는 사람들은 해고되지 않는다. 다시 말해, 강력한 주식회사 'YOU'만이 경기불황이나 해고, 인원삭감의 소용돌이 속에서 생존할 수 있다.

주식회사 'YOU'의 가치가 올라가면 개인의 자유도 확대된다.

당신의 능력이 경제적으로 가치를 갖고 있는가. 그렇다면 어떤 특정 직업이나 생활방식에 얽매이지 않아도 된다. 자신에게 적합하다고 생각하는 삶을 개척해나갈 수 있다.

즉, 당신이 원한다면 사업을 시작할 수도 있고, 자신의 인생 목표에 부합되는 삶을 살 수도 있다. 또는 다른 사람들에게 가치 있는 무언가를 제공할 수 있다면, 당신은 최고의 패를 쥐고 있는 것이나 마찬가지이다. 물론 인생에서 확실한 것은 하나도 없다. 그러나 주식회사 'YOU'의 가치를 최대한 높일수록 당신이 원하는 삶을 살 확률은 높아질 것이다.

☞ 기술과 정보를 융합해서 주식회사 'YOU'를 구축하여라!

"싸움의 승패는 사람들의 눈에서 멀리 떨어진 곳에서 결정된다.
링에 오르기 전에, 체육관에서, 그리고 저 밖의 도로에서,
내가 조명 아래에서 춤추기 오래 전에 결정된다."

― 무하마드 알리(Muhammad Ali)

고독한 성공의 길

사람들은 자신의 미래가 어떤 모습일지 상상하며 자신만의 꿈이 있으며 구체적인 내용은 중요하지 않다. 우리 모두가 하나의 꿈 정도는 갖고 있다는 사실이 중요하다. 꿈을 갖고 있으면 주변 사람들이 꿈을 실현할 수 있도록 도움을 줄 것이다. 그러나 그들조차도 당신이 그 꿈을 얼마나 강하게 열망하는지 모른다. 또 당신의 꿈이 좌절되었을 때 당신이 얼마나 고통스러워할지 알 수 없다. 그들에게도 자신만의 꿈이 있지만, 당신의 꿈과는 관련이 없을 수도 있고, 당신의 꿈을 이해하지 못할 수도 있다. 그래서 원하는 곳으로 나아가려는 여정은 때로는 외로울 수 있다. 몇 시간씩 동안 혼자 훈련하는 운동선수, 검소한 삶을 살아가는 작가, 모두가 잠든 사이에도 일을 하는 기업가. 누구에게나 그 길은 길고 외로울 수 있다.

나아가는 길이 다소 외로울 때 이렇게 해 보라.

1. 이미지 트레이닝을 해 보라. 목표지점에 도달하는 모습을 상상함으로써 '세상이 힘들다'는 느낌을 극복할 수 있다. 결승 지점을 상상하면서 어려움을 극복하는 것이 중요하다.
2. 한 번에 하나만 생각하라. '혼자라는 느낌'이 강하게 들 때, 지금 진행하는 일에 대한 생각을 머릿속에 심어 넣어라. 생각은 마음속에 넣었다 뺄 수 있다.
3. 가까운 사람들에게 자신의 꿈에 대해 이야기 하라. 물론 가까운 사람이라도 당신이 힘들어 하고 열정을 쏟는 상황을 다 알아주지는 못할 것이다. 하지만 그들의 격려 덕분에 당신은 세찬 바람에 홀로 맞서야 한다는 부담을 덜고 자신의 길을 나아갈 수 있다.

목표 지점까지 가는 지름길은 없다. 힘든 여정을 하면 때로는 지치고 좌절하고 실망하고 외로울 것이다. 게다가 몸과 마음에 상처를 받기도 할 것이다. 그러나 이 모든 여정은 자연스러운 하나의 과정이다.

☞ 목표에 도달한다는 확실한 이미지를 상상하며 고독감을 이겨내라.

"시간은 유한하다. 다른 사람의 인생을 사느라 시간을 낭비하지 마라.
가장 중요한 것은 용기를 잃지 않고 마음과 직관을 따르는 것이다.
여러분의 마음과 직관은 이미 당신이 진정으로 원하는 것이 무엇인지 알고 있다.

―스티브 잡스(Steve Jobs), 애플 창업자

열정에 매달리기

멘토들은 이렇게 말한다.

열정을 갖고 활동하고 노력하는 삶을 만들어 나가라.

누구나 살다보면 금전적 압박을 받을 수 있다. 그리고 때로는 그 압박 때문에 원하지 않는 일을 하게 될 수도 있다. 물론 당신이 정말로 원하는 것을 향한 마음을 간직한다면 그렇게 하는 것도 괜찮다.

밤에는 식당에서 일하면서 낮에는 오디션을 보러 다니는 배우, 배달원으로 일하면서 틈이 날 때마다 소설을 써나가는 작가, 하루 종일 숫자와 씨름하면서 차 트렁크에 운동화를 싣고 주말마다 장사하러 나서는 회계사(나이키 창업자 필 나이트의 이야기), 이렇게 일을 하면서 또 다른 일을 하는 사람들의 이야기는 많다.

금전적 압박이나 여러 힘든 상황에서도 자신의 꿈에 열정을 쏟아 붓는 사람들은 궁극적으로 금전적인 문제를 해결하게 된다. 그렇지 않은 경우에도 최소한 꿈을 이룬 사람들은 자신이 사랑하는 일을 하며 살아간다.

자신이 진정으로 무엇에 열정을 갖는지를 아는 것도 쉽지만은 않다.

이 고민을 해결하기 위해 다음 몇 가지 질문에 답해 보자.

1. 시간 가는 줄 모르고 하게 되는 일이 무엇인가?
2. 시간이 날 때 어떤 것을 하고 싶은가?
3. 어떤 꿈을 갖고 있는가?

열정을 갖고 살아가는 것은 평생 해야 할 일이다. 그러나 그것은 분명히 가치가 있다!

> "어른들이 아이들에게 커서 무엇이 되고 싶으냐고 묻는 것은 자신들이 아이디어를 얻고 싶기 때문이다."
>
> ─ 폴라 파운드스톤(Paula Poundstone)

☞ 자신이 사랑하는 것을 추구한다면 일과 놀이의 장벽을 허물 수 있다.

엘리베이터 스피치

'엘리베이터 스피치'라는 말을 들어본 적이 있는가.

어떤 창업자가 건물 로비에서, 투자자가 근무하는 고층 사무실까지 엘리베이터를 타고 올라간다. 그 창업자는 엘리베이터를 타고 올라가는 30초 동안에 투자자에게 비즈니스 전략을 설명해야 한다.

당신은 자신이나 자신의 사업, 혹은 자신의 훌륭한 아이디어를 30초 내에 설명할 수 있어야 한다. 이런 기술은 말하는 사람이나 듣는 사람 모두에게 유용하다.

꼭 엘리베이터에서 마주치지 않더라도, 중요한 위치에 있는 사람으로부터 어떻게 생각하는지, 무엇을 하고 싶은지 질문을 받는 경우가 있을 것이다. 질문을 던진 사람이 바빠서 들을 시간이 충분하지 않거나 다른 일에 정신을 팔려 있을 수도 있다. 이런 상황에서 당신이 빠르고 명확하고 간결하게 생각을 정리해서 표현한다면, 그 다음 질문으로 대화가 넘어갈 수도 있을 것이다. 그리고 이런 대화가 어떤 놀라운 결과로 이어질지는 모르는 일이다.

자신의 배경과 사업, 혹은 전문성을 설명하기 위해 엘리베이터 스피치를 활용하는 사람은 의외로 그리 많지 않다.

엘리베이터 스피치를 활용하는 방법은 다음과 같다.

1. 간결하게 핵심을 말하라. 시간을 재라. 30초가 가장 좋다.
2. '핵심'을 던져라. 상대방이 당신의 이야기에서 흥미를 느낄 내용은 무엇인가?
3. 새롭고 재미있는 이야깃거리를 수집하라.
4. 가벼운 어조로 말하라. 30초 만에 당신에 대한 모든 정보를 전달하기란 불가능한 것이 당연하다. 엘리베이터 스피치는 소개 차원에서 하는 것이니 너무 심각하게 받아들이지는 말라.
5. "시간이 있으면 더 말씀드리고 싶습니다."라는 말로 마무리 하라. 그러나 강요는 금물이다. 듣는 사람이 더 알고 싶은 내용을 스스로 판단하게 하라.

☞ 열정과 에너지를 전달하려면 짧고 보기 좋은 '이력서'가 유용할 수도 있다.

"인생은 어렵다.
그것은 위대한 진실이며, 가장 위대한 진실 중 하나이다.
그것이 위대한 이유는 우리가 일단 그 진실을 마주하고 나면 곧 초월하게 되기 때문이다.
인생이 어렵다는 사실을 깨닫고 이해하고 받아들이게 되면, 인생은 더는 어렵지 않다."
―스콧 펙(Dr. Scott Peck), 『아직도 가야 할 길(The Road Less Traveled)』 저자

난관 예상

일단 목표를 정했으면, 목표 지점을 향한 여정을 준비해야 한다.
이 여정에는 장애물이나 좌절감, 또는 실망감 등 극복해야 할 고비가 많지만, 이것 또한 전체 여정의 일부라는 사실을 알아야 한다. 그렇기 때문에 인내와 끈기가 중요하다.
어떤 여행이든지 출발하기 전에 먼저 '짐'을 꾸려야 한다.
그리고 먼저 장애물과 걸림돌을 마주할 마음의 준비를 해야 한다.
역경을 이겨내는 최선의 방법은 역경에 스스로를 대비시키는 것이다!
힘든 상황에 대비하지 않은 사람들은 문제가 생기면 당황하여 중심을 잃고 흔들린다. 그리고 주로 이런 생각을 하게 된다.
"이런, 난 절대 해내지 못할 거야. 왜 애초에 도전한다고 했을까?"
한편, 준비된 사람들은 이런 반응을 보인다.
"아, 역경이라. 언제 어떻게 닥칠지는 몰랐지만, 올 줄은 알고 있었어. 기다리고 있었다. 준비됐으니 덤벼."
어려움을 극복하는 방법은 바로 대비하는 것이다. 난관이 닥칠 것을 대비하고 있다면, 실제로 닥쳤을 때 큰 타격을 입을 가능성은 더욱 낮아진다. 역풍에 대비하여 마음을 단단히 먹고 있었으므로, 설사 잠시 몸을 굽히더라도 부러지지는 않을 것이다.
예측이 어려운 장애물에 대비하면 그로부터 받는 타격을 줄일 수 있다.

☞ 유비무환!

"남이 요구하는 일보다 더 하라.
계속해서 목표를 달성하는 사람과
단지 쫓아가기에 급급해 인생을 낭비하는 사람 사이는 천양지차이다."

—개리 라이언 블레어(Gary Ryan Blair), 『동기부여자(Motivational Speaker)』 저자

부가가치

사업상 성공을 한 단어로 표현하자면 '부가가치'이다.

다시 말해 무슨 일이든 항상 기대했던 것 이상을 해야 한다. 부가가치 창출은 고용주나 고객, 동업자, 그리고 투자자들에게 이익을 돌려주기 위해 당신이 항상 추구해야만 하는 과제이다. 그들이 기대했던 것 이상의 결과를 내놓아 깜짝 놀라게 하라.

회사에서는 어떤 사람들이 승진을 놓치지 않는지 멘토들에게 들어 보았다. 몇몇 다른 의견도 있었지만, 공통적으로는 자신의 업무에서 필요한 것 이상을 해내는 사람이라는 답변을 내놓았다. 예상보다 더 많은 시간을 일에 투자하는 사람 또는 사업의 개선과 발전을 위한 아이디어를 제시하는 사람을 의미할 수도 있다. 또한 고용되었을 때 주어진 업무 이상을 해낼 수 있는 기술과 지식을 갖춘 사람을 의미할 수도 있다.

고객을 대할 때도 마찬가지이다. 고객에게 원하는 것을 모두 해주고, 가능하면 추가로 무언가를 더 제공하도록 하라. 정말로 고객의 입에서 탄성이 나올 수 있게 하라. 동업자나 투자자들에게도 마찬가지이다.

확실히 해야 할 점은, 부가가치를 창출하고 제공하는 일이 남 좋은 일이 되어서는 안 된다는 것이다. 예를 들어, 가치 있는 제품이나 서비스를 제공하고 있다면 그만큼의 대가를 받아라. 직업의 경우도 마찬가지이다. 당신의 성과가 기대나 요구 이상으로 뛰어나다고 생각한다면, 이에 걸맞은 보상을 요구할 수 있다. 비즈니스 세계에서 성공하기 위해서는 이 점을 반드시 유의해야 한다.

고용주나 고객, 혹은 투자자에게 부가가치를 더해줄 수 있다면, 당신은 그들에게 반드시 필요한 중요한 사람이 될 것이다. 그러면 비로소 실제 비즈니스 세계에서 자신의 자리를 확고히 할 수 있다.

☞ 항상 110%만큼 하라.

'만일 네가 모든 걸 잃었고 모두가 너를 비난할 때
네가 침착함을 유지할 수 있다면,
만일 네가 성공과 실패를 마주해도 그 둘을 똑같이 대할 수 있다면,
그렇다면 세상과 그 안에 있는 모든 것은 네 것이고
게다가, 너는 남자가 되는 것이다, 아들아!'
— 루디어드 키플링(Rudyard Kipling)의 『만일(IF)』중에서

침착

성공한 사람들 대부분은 사업상 좋은 소식과 나쁜 소식을 접하더라도 감정 기복을 잘 다스린다.

성공한 사람들은 성공의 사다리를 오르는 길에 난관, 역풍, 함정, 장애, 방해 등이 도사리고 있다는 사실을 잘 알고 있다. 좋은 날도 나쁜 날도 긴 여정의 일부라는 사실을 잘 이해한다.

반응을 자제하고 중심을 잃지 않는 법을 배우는 사람이 성공할 수밖에 없다.

사업가들은 특히나 감정을 절제할 수 있어야 한다. 기업 활동에 관여하는 사람이라면 누구에게나 매일이 시험일뿐더러, 언제든지 최고에서 최악의 상황으로 추락할 위험이 있다. 이들은 하루는 절망에 휩싸이고, 다음날은 희망에 가득 차는 것을 경험한다. 모든 것이 절망과 희망 사이를 오간다.

창업자들이라면 특히 더 조심해야 한다. 맨손으로 사업을 시작한 사람이라면 누구나 감정의 롤러코스터에 오르기 마련이다. 자신만의 사업을 시작하고자 한다면, 경사가 심한 오르막과 내리막이 앞에 놓여있음을 잘 알고 벨트를 단단히 매기 바란다.

무슨 일이 벌어지든지 침착함을 잃지 않으면 기존의 성향과 균형감각을 유지할 수도 있다. 침착하다는 것은 한 발 물러서서 눈앞에 벌어지는 일을 방관하는 수동적인 태도를 의미하지 않는다. 반대로 자신에게 일어나는 일을 정직하게 평가하고 폭넓은 시야를 유지하는 것을 말한다.

감정의 변화가 큰 사람은 좋거나 나쁜 소식에 잘 대처하지 못한다. 보다 큰 그림과 장기적인 상황을 보지 못하고 그 순간의 감정에 휘둘려 의사결정을 해버린다.

일희일비하는데 감정을 소모하지 않고 냉철한 자세로 잠시 물러나 생각할 수 있는 사람이 결국 성공하게 된다.

☞ 무슨 일이든 침착하라.

먼 옛날 안데스 산골짜기에 서로 앙숙인 두 부족이 있었다.
한 부족은 산 속에 살았고
다른 부족은 평지에 살고 있었다.

어느 날 산에 사는 부족 중 한 무리가 평지 부족 마을을 습격하여 아기를 훔쳐갔다.

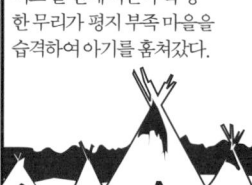

다음 날 평지 부족의 전사들은 아기를 구하러 갔지만 산을 반 밖에 올라가지 못했다. 실망하여 산을 내려오던 그들의 눈에 갑자기 놀랍게도 아기를 안고 산을 내려오는 한 여인이 보였다.

그들은 그 여인이 아기의 어머니라는 사실을 알았다.

"산을 어떻게 오른 거죠? 어떻게 아기를 찾아서 구해왔나요? 전사인 우리들도 산을 반 밖에 오르지 못했는데요!"

"왜냐하면 이 아이는 당신 아기가 아니거든요!"

당신의 사업은 곧 '당신의 아기'입니다. 뜻이 있는 곳에 길이 있습니다.
일에 헌신한다면, 옳은 일을 계속 해나간다면, 지칠 때까지 버틴다면,
'당신의 아기'가 크고 강하고 잘 자란 어른이 되는 모습을 볼 기회가 올 것입니다.

기업가 되기

기업가란 땀 흘려 얻은 자산을 바탕으로 목표를 달성하여 비로소 가치 있는 기업을 일궈낸 사람을 말한다.

기업가가 되기와 관련하여 다음 몇 가지를 제안한다.

1. 누구든지 성공하는 것은 아니다. 리스크를 다루고 거절하는 데 능숙한 유형의 사람이 있다. 기업가로서 모험을 시작하려고 생각하고 있다면, 자신의 '고통' 수용 능력을 솔직하게 평가해 보라.
2. 기업가는 정신적으로나 물질적으로나 매우 힘들다. 사업을 시작할 때는 상상할 수 없을 만큼 오랜 시간과 극심한 스트레스, 수많은 거절을 예상해야 한다.
3. 당신의 제품이 아무리 뛰어나더라도, 사람들이 새로운 것을 받아들이는 데는 시간이 걸린다. 스스로 예상한 기간의 두 배는 걸릴 것이라 생각해야 안전하다.
4. 기본적으로 동업자나 투자자가 필요한지 결정해야 한다. 함께 '싸움'에 뛰어들 사람이 있다면 결의를 다지는 데 도움이 된다. 그러나 어떤 기업가는 다른 사람과 함께 결정하는 것을 불편해 한다. 투자자들도 마찬가지다. 자본금이 더 많아지면 확실히 부담을 줄일 수는 있지만, 그만큼 사업 운영에 끼어드는 사람이 더 많아진다.
5. 궁극적으로 훌륭한 제품이나 서비스를 제공한다면, 기회는 더욱 많아질 것이다. 훌륭한 것에는 보상이 따르기 때문이다. 아직 새롭고 생소한 것이라도 언젠가는 인기를 모을 수 있다.
6. 보장된 것은 아무것도 없다. 어떤 아이디어가 성공하고 실패할지는 때로 전혀 예상이 불가능하다. 그렇기 때문에 기업 활동에는 반드시 강한 열정이 동반되어야 한다. 열정을 다했다면 재정적 목표를 달성하지 못하더라도 스스로 선택한 것을 위해 충분히 시간을 들여 노력했다는 사실만으로도 사실상 전혀 잃은 것이 없는 셈이다.

☞ 기업가가 되려면 열정적인 활동이나 노력은 필수다.

흑조와 머피의 법칙

작가 니콜라스 타삼(Nicholas Tassam)은 『블랙 스완에 대비하라(The Black Swan: The Impact of the Highly Improbable)』라는 책의 저자이다.

투자나 사업, 그리고 삶에서 성공하기 위해 미래에 일어날 것 같지 않은 일에 열린 자세로 대비하라는 것이 저자가 이 책을 통해 주장하는 핵심이다. 그 동안 일어났던 일이 앞으로도 항상 일어날 것이라는 안일한 생각을 갖고 있다면 성공에 다가가지 못할 것이다.

이 책의 제목에 대해 설명하면 다음과 같다. 1600년대 초, 호주가 발견되기 전까지만 해도 모든 사람들이 고니는 흰색이라고 믿었다고 한다. 그러나 호주에서 검은 고니가 발견되었다. 검은 고니, 즉 흑조가 발견되었을 때 비로소 고니의 색깔에 대한 고정관념이 무너지게 되었다.

타삼은 예상치 못했던 것을 예상하고 준비하는 것이 성공의 문을 여는 열쇠라고 말한다.

한편, 사업을 하는 사람이라면 머피의 법칙 역시 마음에 새기고 있어야 한다. 머피의 법칙은 잘못될 가능성이 있는 것은 잘못될 것이라는 가정 하에 성립한다.

머피의 법칙과 타삼의 주장을 바탕으로 다음과 같은 제안을 하고자 한다.

투자나 사업 관련 결정을 내릴 때, 불가능하다고 여겨지는 것까지 포함하여 모든 경우를 다 고려하라. 그리고 불리한 상황에 어떻게 대처할 것인지 분석하라.

> 당신의 투자가 성과를 낼 것인가?
> 부정적 상황에 놓이게 되더라도 당신의 결정이 여전히 옳은가?
> 역경을 이겨낼 시간과 자원이 있는가?

준비야말로 타삼과 머피의 법칙에 대한 해결책이다. 모든 가능성과 곤란한 요소를 다 고려한다면, 계획을 세울 때 실수를 극복할 여지를 남길 수 있다. 행여나 일이 잘못되어도 최소한 당황하지는 않을 것이다.

☞ 예상치 못한 것을 예상하라.

어느 날 기자가 토마스 에디슨에게
전구를 발명하느라 만 번의 '실패'를 겪고 나서 실망했느냐고 묻자, 에디슨이 대답했다.
"저는 실패한 적이 없습니다.
오히려 전구에 불이 들어오지 않는 만 가지의 방법을 알아냈지요."

실패

실패는 유쾌하지 않다. 이제 털어내 버리자.
많은 사람들이 자신의 잠재력을 끌어내지 못하는 이유는 실패를 두려워하기 때문이다. 이런 사람들은 게임이 시작되기도 전에 스스로 패배한다.
성공한 사람들은 실패에 대한 두려움 때문에 스스로가 억눌리게 내버려두지 않는다.

> "현역으로 뛰는 동안 슛을 9,000번이나 놓쳤습니다. 결정적인 슛 기회를 놓친 것도 26번이나 됩니다. 이렇게 일생 동안 계속 실패를 거듭했기 때문에 저는 성공할 수 있었습니다."
> ―마이클 조던(Michael Jordan)

마이클 조던이 실패했기 때문에 성공했다고 말한 것은 실패의 두려움에 굴복하지 않겠다는 태도가 스스로를 성공으로 이끌었다는 뜻이다.
시도를 멈추는 바로 그 순간까지는 절대 실패란 없다는 사실도 기억해야 한다. 실패는 결말이지 과정이 아니다.
우리가 조사한 성공한 사람들은 모두 자신의 목표를 향해 나아가는 길에서 장애물을 맞닥뜨렸다. 그러나 부단한 노력이 있었기에 이런 장애물이 곧 실패로 이어지지는 않았다. 토마스 에디슨(Thomas Edison)의 말은 성공하지 못한 것과 실패한 것의 차이를 잘 설명해준다. 에디슨은 수천 번의 성공하지 못한 실험에도 불구하고 전구 개발을 멈추지 않았다. 부정적인 결과는 극복할 수 있다. 그러나 실패는 영원히 극복할 수 없다.

> "어떤 사람이 '세 번 실패했어.'라고 말할 때와 '난 실패자야.'라고 말할 때 어떤 차이가 있는지 알아야 한다."
> ―S.I. 하야카와(Hayakawa), 미 국회의원, 교육가.

그렇다. 인생에서 백기를 들어야 하는 상황이 때로 찾아올 수도 있다. 그러나 성공한 사람들은 다른 사람에 비해 단지 더 오래 버텼을 뿐이다. 그리고 바로 그것이 성공의 이유이기도 하다.

☞ 시도해보고 실패하는 것이 시도 자체를 실패하는 것보다 낫다.

"약점으로부터 달아날 수는 없다. 언젠가는 약점과 싸워 이겨야만 한다.
그렇다면 지금 당장, 바로 이 자리에서 못할 이유가 어디 있는가?"

— 로버트 루이스 스티븐슨(Robert Louis Stevenson), 『보물섬』 저자

단점 개선

우리는 누구나 자신의 장점에 의지한다. 성과를 내야만 하는 상황에서는 누구나 자신의 강점을 발휘한다. 이미 검증된 재능과 능력을 활용하는 것이다.
물론 그렇게 하는 것이 당연하다. 그러나 자신의 단점을 파악하고 개선하지 못한다면 문제가 있다. 자신의 장점을 활용하는 만큼 단점도 충분히 개선해야 한다. 스스로에 대한 정확한 평가가 쉬운 일은 아니지만, 반드시 시도할 가치가 있다. 어떻게 하면 더 좋은 성과를 낼 수 있을까?

> "개선한다는 것은 개선이 필요한 부분을 명확하게 이해하고 이를 고치려고 열심히 노력하는 것이다."
> — 제오프 콜빈(Geoff Colvin), 『재능은 어떻게 단련되는가(Talent is Overrated)』 저자

선천적으로 잘하지 못하는 것, 즉 자신의 약점에 매달리는 일은 분명 힘들다. 그러나 더 잘 할 수 있는 요소를 개선한다는 것은 어쩌면 일을 그냥 잘하는 사람과 훌륭하게 해내는 사람의 차이일 지도 모른다. 게다가 스스로에 대한 도전은 언제나 바람직하다. 더 나은 사람이 되려고 스스로를 채찍질하는 것은 경이로운 경험이다.

> "힘들면서도 가치 있는 일을 성취하려고 자발적으로 노력하여 몸과 마음이 최고 한계에 다다르는 순간이 바로 인생 최고의 순간이다."
> — 미하이 칙센트미하이(Mihaly Csikszentmihalyi)교수
> 『행복연구(Flow: A Study of Happiness)』 저자

칙센트미하이 교수는 사람들이 현재의 성과 이상을 달성하고자 자신을 채찍질할 때, 즉 자기 스스로에게 도전할 때 비로소 집중하고 만족감을 느낄 수 있다고 말한다.

☞ 자기 자신과 솔직한 대화를 나눠라.
약점을 개선하여 일에 적용하는 것은 어떨까?

좋은 친구들은 좋은 의논 상대이다.

이사회 구성

우리는 믿고 싶은 것만 보고 듣는 경향이 있다. 자연스러운 현상이다.
확률이 매우 희박하더라도 희망의 불씨를 잃지 않는 것이 사람이다. 그러나 때로는 이런 경향 때문에 '보고 싶은 것'만 보고 잘못된 길로 들어서게 될 수도 있다.
흔히 말하듯 숲을 보기 위해서 나무에 너무 가까이 서 있는 경우도 있다.
그래서 '이사회'를 구성하라고 추천하고 싶다.
비즈니스 세계에서 이사회란 회사의 경영을 좌우하는 사람들로 이루어진 모임이다. 이사회는 회사를 운영하는 경영진과는 별개이기 때문에 실제 책임을 지닌 경영진과는 다른 시각에서 회사 경영을 바라본다.
당신의 개인 이사회는 믿을 수 있는 사람이라면 친척이나 친구, 혹은 동료 등 누구든지 들어올 수 있다. 유의할 것은 당신이 듣고 싶든 그렇지 않든 진실을 말해 줄 사람을 이사회에 넣어야 한다는 것이다.
이사회는 두세 명으로 구성하는 것이 좋다. 물론 공식 회의를 할 필요는 없다. 솔직한 피드백이 필요할 때 바로 전화할 수 있는 사람들로 구성된 작은 모임을 만드는 것이 중요하다.
이사회는 멘토의 모습으로 나타나기도 한다. 멘토는 필요한 시점에 당신을 이끌고 도와주겠다고 하는 사람을 말한다. 당신이 몸담고 있는 분야에서 성공한 사람 중에 멘토가 되어줄 사람을 찾을 수 있다면 큰 도움이 될 것이다. 그러므로 멘토의 시간을 소중히 여기고 관계를 망치지 마라.
자신의 일을 훌륭하게 해내는 사람을 곁에 둔다면, 당신은 더욱 발전할 것이다. 따라서 이사회가 되어줄 사람을 찾는 데 기울인 노력은 그만큼 큰 이익이 돌아올 것이다.

☞ 있는 그대로 정확한 피드백을 줄 믿을 만한 사람에게 물어라.

"강한 사람이란
느낌과 생각 사이의 소통을 의지에 따라 조절할 수 있는 사람이다."
— 나폴레옹

가장 중요한 차이

스티븐 코비(Stephen Covey), 토니 로빈스(Tony Robbins), 웨인 다이어(Wayne Dyer), 에크하르트 톨레(Eckhart Tolle)와 같은 훌륭한 자기계발서 작가들이 공통적으로 강조하는 것이 있다. 생각하는 것과 생각에 따른 행동 사이에는 차이가 있다.

우리 머릿속은 많은 생각들로 가득 차 있다. 생각은 항상 우리의 머릿속을 자유롭게 드나든다. 옳다고 알고 있는 것, 달성하고 싶은 목표에 도움이 되는 생각도 있고, 그렇지 않은 생각도 있다.

"생각은 대립되는 충동 사이의 갈등으로 가득한 각축장이다."

— 프로이드

생각과 그 생각에 따르는 행동의 간극을 통제할 권한이 자신에게 있음을 명심하라. 『지금 이 순간을 살아라(The Power of Now)』의 저자 에크하르트 톨레는 이렇게 말한다.

1. 당신이 곧 당신의 생각은 아니다.
2. 당신은 스스로의 생각에 귀 기울이는 상위의 존재이다.
3. 자신의 생각을 듣는 능력이 더 클수록, 그 생각에 어떻게 반응할지 혹은 반응하지 않을지 결정할 수 있다. 당신의 결정이 삶에 중대한 영향을 끼칠 것이다.

예를 들어, 아주 큰 프로젝트가 있다고 하자. 시작하기도 전에 꾸물거리거나 게으름을 피우고 싶을 수 있다. 이는 자연스러운 현상이다.

그렇다면 이제 스스로의 생각에서 한 발짝 물러나 보라. 우리는 스스로의 생각을 듣는 상위 존재로서 이 생각을 어떻게 할 것인지 결정할 권한이 있다. 그 생각을 무시할 수도 있고 당장 실행에 옮길 수도 있다. 당신이 결정하기 나름이라는 사실이 무엇보다 중요하다. 생각과 행동 사이의 간격을 조절하는 사람은 당신이다.

스티븐 코비는 '책임(responsibility)'이라는 단어가 '반응(response)'과 '능력(ability)'으로 이루어져 있다고 한다. 모든 생각, 행동, 그리고 자기에게 일어나는 사건에 대한 '반응'을 조절하는 '능력'을 스스로가 지니고 있는 것이다.

☞ 당신은 생각의 노예가 아닌 주인이다!

two.

제2장. 의사소통의 기술

영향력 있고 효과적인 의사소통 능력은 당신의 잠재력을 펼치는 데 매우 중요한 요소이다. 이어지는 교훈들은 타인과 소통할 때 생각을 효과적으로 전달하는 방법을 알려줄 것이다.

웃어라!

피플 스킬

피플 스킬이란 호감과 존중, 그리고 믿음을 이끌어내는 종합선물세트 같은 능력이다. 비즈니스에 몸담고 있는 많은 사람들은 피플 스킬이 기술 지식보다 더 중요하다고 강조한다. 다른 이를 설득하는 능력이나 열정을 창출하는 능력, 또는 믿음과 존중을 얻는 능력. 이런 능력은 사업의 성공에 필수적이다.

피플 스킬의 선구자로는 데일 카네기(Dale Carnegie, 1988~1955)를 들 수 있다. 1936년 카네기는 『인간관계론(How to Win Friends and Influence People)』으로 세계적인 베스트셀러 작가가 되었다.

카네기의 제안을 살펴보자.

1. 스스로를 어떻게 생각하는지 사람들에게 물어라.
2. 따뜻함과 미소로 상대를 자기편으로 끌어들여라.
3. 친구나 지인을 만나면 기쁨을 표현해라.
4. 타인의 성과에 존경심을 표하고, 자신의 성과에 겸손하라.
5. 처음 만나는 사람이 있으면 그 사람의 관심사를 확인해서 만남을 준비하고, 그 주제로 대화를 이끌어 가라.
6. 말하기보다는 더 많이 들어라.
7. 상대방이 당신에게 중요한 존재라고 느끼게 하라.
8. 합의점을 찾도록 노력하라.
9. 상대방의 관점에서 생각하라.
10. 상대방의 의견을 존중하라.

카네기의 제안이 가식적이고 진부하다고 생각하는 사람도 있을 것이다. 그러나 사람들의 호감을 살 만한 스스로의 특징이 무엇인지 아직 파악하지 못한 상태라면, 카네기의 제안을 받아들일 필요가 있다.

☞ 피플 스킬은 전문 기술만큼 중요하다.

입을 열기 전에 생각하는 것을 잊지 마라.

중요한 찰나

많은 전문가들은 어떤 생각이 들었을 때 말로 표현하기까지 몇 초의 간격을 두라고 조언한다.

사람들은 말을 할 때 곧잘 흥분한다. 어떤 주제에 대해 지나치게 열정적이 될 때도 있고, 화를 내거나 언짢아 할 때도 있고, 자기 생각대로 대화를 끌어가지 못해 안달이 날 때도 있다. 문제는 이런 경향 때문에 상대에게 상처를 주는 부적절한 말을 내뱉게 된다는 것이다.

따라서 말로 내뱉을 때까지 생각을 정리하는 능력을 키우는 것은 매우 중요하다. 이것은 후천적으로 습득 가능한 기술이기도 하다.

스스로 화가 났거나, 흥분했거나, 지쳤다고 느끼는 순간이 오면 조금 진정하고 생각과 말 사이에 일부러 몇 초를 쉬어야 할 때이다. 이런 상황에서는 스스로 하는 말을 잘 감지하지 못할 수 있기 때문이다.

생각과 말 사이에 시간을 두는 기술이 중요한 또 다른 이유는 설득력을 높일 수 있기 때문이다.

의사소통을 잘 하는 사람들은 특정 상황이나 청자에 맞춰 말한다. 이들은 상대방의 말을 듣고 상대방을 관찰하는 데 능하다.

이들은 영향을 미치고자 하는 상대방의 말을 듣는 동시에 자신의 입장을 더욱 공고히 할 만한 말이 무엇일지 머릿속에서 계산한다. 그리고 하려는 말을 머릿속에서 생각해 본다. 어떤 말이 효과가 있고 어떤 말이 그렇지 못할 것인가? 그러고 나서 말로 표현할 단어를 골라낸다. 이 모든 과정이 단 몇 초 만에 일어난다.

☞ 어떤 생각이 떠올라 실제로 말로 내뱉기 전에 2초만 기다리는 연습을 하라.

"나는 글 쓰는 일은 잘 못하지만, 고쳐 쓰는 일은 잘한다."
— 제임스 미치너 (James Michener), 퓰리처상 수상 작가

다시 읽고, 다시 쓰고, 다시 확인하기

편지, 이메일, 제안서, 연설문 등 어떤 글이나 말을 준비할 때마다 다시 읽고, 다시 쓰고, 다시 확인하면 더 나은 결과를 얻을 수 있다.

재검토는 훌륭한 글쓰기를 위해 반드시 필요하다. 첫 번째 초안에서 괜찮아 보이던 내용도 수정할 때마다 더 나아진다. 따라서 자신이 쓴 것을 다시 읽고 다시 쓰는 과정은 매우 중요하다.

말로 하는 프레젠테이션이나 연설문의 경우에도 마찬가지다. 연설문을 읽거나, 외우거나, 혹은 개요만 참고하는 경우에라도 예행연습을 하면 할수록 더 나아진다.

스트레스가 많고 바쁘게 돌아가는 요즘 세상에서 우리는 짧은 시간 안에 너무나도 많은 것을 하려고 한다. 하지만 충분한 시간을 특정 프로젝트에 쏟을 수가 없다. 따라서 우리가 처음으로 내놓는 결과물은 실제로 도달해야 하는 수준만큼 좋기 어렵다. 예를 들어, 우리가 쓰는 글은 애초에 생각했던 것처럼 의미가 명확하지 않다. 준비한 연설문도 계획했던 것만큼 흥미롭지 못할 것이다.

매 순간 우리 뇌는 수십 억 개의 신경을 사용한다. 오전 10시에 일을 할 때, 우리의 뇌는 모든 종류의 자극에 반응한다. 그 후 잠시 쉬었다가 11시에 다시 일을 시작하면, 뇌는 새로운 자극에 반응한다. 새로운 신경을 사용하는 것이다. 오전 11시에 와서 10시에 하던 일을 들여다보면, 그 결과물을 개선할만한 새로운 아이디어를 떠올리거나 실수를 찾아내 고칠 수 있을 것이다.

물론 어느 시점에 다다르면 다시 읽고, 다시 쓰고, 다시 확인하는 일을 멈추어야 하는 때가 온다.

이번 장에서 기억할 것은 당신이 손으로 쓰고 말로 내뱉는 글은 다시 읽고, 다시 쓰고, 수정할 때마다 항상 개선된다는 점이다.

☞ 읽기 쉬운 것은 어렵게 쓰인다.

사람을 매혹시키는 에너지

인간은 에너지가 넘치는 사람에게 끌리기 마련이다. 그런 사람들을 두고 끌어당기는 매력이 있다고 말한다.

우리는 스스로 내뿜는 에너지를 스스로 조절할 수 있다. 몸과 마음이 피곤할 때는 흥미와 열정, 그리고 관심을 드러내기 위해 최선을 다해야 한다. 스포츠 선수들이 죽기 살기로 덤비는 것처럼, 열성적으로 덤벼야 할 때가 있다.

당신이 뿜어내는 에너지의 작은 차이로 다른 사람들이 당신에게 보이는 반응이 크게 달라진다. 사람들은 당신이 피곤해 하거나 지루해 하거나 생각이 딴 데 팔려있음을 느낄 수 있다. 에너지가 넘치는 사람은 다른 사람의 마음을 끄는 반면, 에너지가 부족한 사람에게는 도통 정이 가지 않는다. 하지만 에너지를 정신없이 뿜어내는 것도 좋지 않다. 오히려 조용한 관심과 호기심, 그리고 행동이 필요하다. 힘이 빠져 보이고 지루해 보이는 사람이 당신 시중을 들거나 물건을 팔려 들거나 부탁해올 때 당신의 반응은 어떠한가?

당신의 이야기를 주의 깊게 듣고, 눈을 맞추고, 당신의 질문에 신중하게 대답하며, 당신이 이미 한 이야기를 잘 기억하고 있는 사람을 떠올려 보라. 그런 사람에게 매력을 느끼지 않는가?

엄청나게 지식이 많은 사람임에도 불구하고 스스로가 하는 일이나 파는 제품에 타인이 관심을 갖게 하지 못한다면, 지식이 지닌 힘을 희석시키는 꼴이 된다. 진실 된 자세로 대화에 푹 빠진 채 열성적으로 소통하지 않으면 당신의 지식은 무용지물이다. 주변 사람들은 당신의 현재 기분이나 상태를 읽을 수 있다. 기분이 좋지 않은 날은 물론 쾌활하게 행동하기 어려울 것이다. 하지만 누가 언제 당신을 지켜보고 있을지 모른다. 언제라도 가능한 많은 에너지를 보여주어야 한다.

"에너지와 인내만 있으면 못 할 것이 없다."

― 벤자민 프랭클린(Benjamin Franklin)

☞ 아무리 피곤하더라도 열의를 보여라.

" '의사소통(communication)'이라는 단어는 정보, 아이디어, 메시지, 신호의 이동, 전달, 공유를 의미한다. 이 단어는 본래 '성찬식(communion)'이라는 단어에서 파생되었다. 이 단어는 개개인이 공통의 정보나 경험을 공유하는 정도에 이르기까지 소통한다는 사실을 가정한다."
— 제리 리처드슨과 조엘 마골리스, 『관계의 마법(The Magic of Rapport)』

공통점 찾기

누군가를 설득하고자 할 때, 즉 상대방에게 믿음을 주거나 아이디어에 투자를 받고, 대출을 받고, 혹은 취업을 하려고 할 때 우리 대부분은 자신과 비슷해 보이는 사람에게 호의적으로 반응한다. 따라서 다른 사람을 설득하려면 당신과 상대방 사이에 공통점을 찾아라.

종종 인간관계는 우리 인식의 범위 밖에서 형성된다. 다시 말해 상대는 아마 당신을 좋아하거나 좋아하지 않는 이유를 의식하고 있지는 않을 것이다. 당신은 상대방이 당신을 좋아하는 이유를 알건 모르건 간에 당신에 대해서 편하게 느끼게 만들어야 한다.

1. 외모: 어떤 옷을 입으면 상대가 가장 편하게 느낄까? 누군가를 만날 때 어떻게 입을지 생각하라.
2. 말하는 방식과 어휘: 사람들은 상대가 말하는 템포와 속도로 상대를 판단한다. 빨리 말하는 사람은 천천히 말하는 사람과 대화할 때 짜증을 낸다. 그 반대의 경우도 마찬가지이다. 어휘 선택도 매우 중요하다. 전문가들이 이를 증명하기 위해 레스토랑에서 실험을 진행했다. 먼저 종업원을 두 그룹으로 나누었는데 첫 번째 그룹은 손님이 사용한 단어를 똑같이 사용해 손님의 주문을 재확인하라고 지시받았고 두 번째 그룹은 손님이 사용한 단어와 비슷하지만 다른 단어를 사용하라고 지시받았다. 정산 결과 첫 번째 그룹이 두 번째 그룹보다 더 많은 팁을 받은 것으로 나타났다. 공통점을 갖는 것이 얼마나 중요한지 이 실험을 통해 알 수 있다.
3. 논쟁이 될 만한 주제는 피하라: 사이를 갈라놓을 만한 주제는 무조건 피하라.
4. 비슷한 관심거리를 찾아라: 상대방과의 공통 관심사는 항상 존재한다. 이를 찾기 위해서는 상대방이 하는 말을 들어 보아라. 개를 좋아하는가? 야구팀 팬인가? 어릴 때 어디서 살았는가? 당신과의 접점을 찾아서 연결시켜라. 그러면 좋은 유대관계의 토대를 마련할 수 있을 것이다.

☞ 영향을 주려는 사람과의 인간적인 관계를 형성할 때, 당신의 성공 기회는 기하급수적으로 늘어난다.

의사소통의 형태는 다양하다.

침묵이 금

판매나 협상에서는 침묵이 강력한 도구가 될 수 있다.
대부분의 사람들은 대화 중 침묵을 어색해 하지만, 훌륭한 영업사원은 자신의 이익을 위해 침묵을 어떻게 사용해야 할 지 잘 안다.
당신이 세일즈 프레젠테이션을 하고 있고, 당신의 제품을 마음에 들어 한다고 가정하자. 상대는 가격 협상을 시도한다.

"당신 제품이 좋긴 한데, 가격이 너무 비쌉니다. 다른 곳은 비슷한 제품을 더 싼 가격에 팔고 있거든요."

그렇다면, 이제 당신의 두 가지 중 하나의 선택을 할 수 있다.
1. 제품의 장점과 탁월성을 다시 한 번 반복해서 설명한다.
2. 침묵한다.

침묵하는 방법을 선택했다고 하자.
상대는 자신의 말에 당신이 무슨 말을 하기를 기대하고 있었겠지만, 놀랍게도 당신이 그러기를 거부하자 상황이 불편하기도 하고 당황스럽기도 하다.
항상 그런 것은 아니지만, 때로는 당신의 대화 거절이 강한 메시지를 전달하기도 한다. 이번 예에서처럼, 침묵을 통해 당신의 제품이 진정으로 특별한 것이라는 믿음을 상대에게 전달하기도 한다. 그리고 바이어와 당신의 입장이 뒤바뀔 수도 있다.
침묵은 많은 상황에서 매우 강력하게 작용한다. 대부분의 사람들이 자신의 말에 반응을 기대하기 때문에, 반응이 없는 경우에는 당황하게 된다. 그런 경우에는 당신이 무슨 생각을 하는지 알 수 없다는 사실이 상대방으로서는 매우 신경 쓰인다. 어떤 이는 자신의 생각을 더 많이 늘어놓으며 침묵을 깨기도 한다.
그러나 침묵이 말보다 더 강력한 설득 도구가 되는 경우도 있다.

☞ 때로는 말로는 불가능한 방식으로 침묵을 커뮤니케이션에 활용할 수 있다.

"너무 많은 충고를 들으면 실수를 하게 될 수도 있다."
— 앤 랜더스(Ann Landers)

팔랑 귀

어린이 야구단 시절, 나는 그다지 훌륭한 타자는 아니었다. 좋은 외야수도 되지 못했다. 그러나 목소리 하나만큼은 매우 커서 벤치에서 하는 일이 하나 있었는데, 바로 상대편 타자를 향해 소리 지르는 일이었다.

나로서는 밝히기 다소 한심한 고백이지만, 당시 내 임무는 상대편 타자가 헛스윙을 하게 만드는 것이었다. 상대편 타자가 타석에 섰을 때, 나는 재잘재잘 떠들곤 했다.

"넌 공을 못 쳐. 이번 공은 너한테 너무 빨라. 넌 절대 못 칠 거야. 너한테는 너무 어렵고 힘든 공이야. 그냥 스윙만 해라. 스윙만."

물론 나와 친구들은 모두 열 살밖에 되지 않았지만, 내가 떠드는 말이 상대편 타자에게 영향을 미치는 것을 보면 매우 놀라웠다. 몇몇 타자들은 정말로 내가 하는 말을 듣고 있었던 것이다! 우리는 이런 선수들을 '팔랑 귀'라고 불렀다.

때로는 우리 모두가 팔랑 귀를 갖고 있는 것 같다. 새로운 모험을 시작하거나 중요한 결정을 해야 하는 타석에 들어선 순간, 다른 사람의 이야기에 귀를 너무 많이 기울이곤 한다. 해야 하는 것과 하지 말아야 하는 것을 결정하는 데 있어, 잃을 것이 하나도 없는 사람들한테 설득당해 버린다. 물론 다른 사람에게 조언을 청해야 하는 경우도 있다. 그러나 상대방이 아무리 선의에서 반대 의견이나 제안을 내놓더라도 무시하고 자신의 마음을 믿어야 하는 경우도 있다.

야구에 좀 더 비유하자면, 그러면 안 된다고 조언하는 사람도 있음에도 불구하고 온 힘을 다해 방망이를 휘둘러야 하는 경우도 있는 것이다.

다른 사람의 이야기를 그만 듣고 본능을 믿어야 하는 적절한 선이 어디쯤인지 확정 지어 말하기는 어렵지만, 내 생각은 이렇다.

확실치 않을 때는 본능을 믿어라. 다른 이의 말을 듣고, 그 말을 평가하고, 그들의 관점을 반영하라. 그러나 그 후에 결정의 순간이 오면, 당신이 옳다고 생각하는 것을 하라.

☞ 언제 귀를 열고 언제 귀를 닫아야 할 지 알아야 한다.

연설

연설은 계발해야 할 중요한 기술 중 하나이다. 사람들 앞에서 얼마나 침착하게 연설하느냐는 당신을 평가하는 기준이 되기도 한다.

따라서 청중이 당신의 동료나 상사이든, 잠재적 고객이든, 전문분야에 대해 듣고자 모인 사람이든 간에 연설 기술을 연마할 필요가 있다. 다음과 같이 제안한다.

1. 불안: 많은 사람들이 대중 앞에서 연설할 생각에 불안해한다. 전문가들은 그럴 경우 사람들이 홀딱 벗은 채 앞에 앉아있다고 상상해보라고 조언한다. 다소 우스꽝스럽긴 하다. 중요한 사실은 대부분의 경우 청중은 당신이 잘 해내길 기대하며 듣는다는 것이다. 그런 생각을 떠올리며 침착함을 되찾아라.
2. 준비: 불안감을 잠재우는 데는 준비만한 것이 없다. 연설의 목적을 생각해보고, 전달하고자 하는 포인트를 명확히 하라. 그리고 연설이 즉흥적으로 하는 것처럼 들릴 때까지 예행 연습하라.
3. 메모: 연설할 때 적어둔 메모나 개요를 보아도 괜찮다. 하지만 로봇처럼 딱딱한 목소리로 읽지 않도록 조심하라. 대본을 읽더라도 준비가 충분하다면 자연스럽게 들릴 수 있다.
4. 시간: 주어진 시간보다 더 적게 말하라. 청중의 주의를 15~20분 이상 끌 수 있는 연사는 사실 거의 없다.
5. 관점을 확실히 하라: 청중이 파고들만 한 주제를 던져주라. 반박의 여지가 있더라도 한 가지 관점을 택하라. 적어도 연설이 흥미로워질 것이다. 지루함은 연설의 적이다.
6. 이야기: 사람들은 이야기를 좋아한다. 하지만 이야기의 요점이 명확해야 한다.
7. 유머: 이 부분은 다소 조심할 필요가 있다. 유머는 부작용이 있을 수 있다.
8. 에너지: 연사가 활기차면 평범한 이야기도 재미있게 들린다.
9. 마무리: 높은 목소리로 연설을 마무리하라. 청중이 더 많은 이야기를 원하게 만들어라.
10. 질문과 답변: 조심하라. 길고 지루한 질문 때문에 훌륭한 연설을 망칠 수 있다.

☞ 자연스러운 연설 방법을 터득하라. 연습과 준비만이 답이다.

적은 것이 많은 것이다.

간결함

"더 나은 결론에 도달하기 위해서는 더 적은 가정만이 필요하다."
― 오컴의 법칙(Law of Ockam's Razor)

두 가지 다른 선택지 중 하나만 선택해야 한다고 생각해 보자.
A를 택한다면 원하는 결과에 도달하기까지 세 가지 사건이 일어날 것이라고 가정해야 한다. B를 택한다면 원하는 결과에 도달하기까지 한 가지 사건만이 일어날 것이라고 가정해야 한다. 오컴의 면도날 법칙에 따르면 'B를 택하라'라고 할 것이다. 왜냐하면 더 많은 것을 가정해야 할수록 원하는 결과를 얻을 가능성은 더 적어지기 때문이다.

타인과 말이나 글로써 의사소통할 때는 언제나 오컴의 법칙을 기억해야 한다. 대화할 때 화자는 상대방이 자신의 의도 그대로 읽거나 들은 말을 이해한다고 가정한다. 하지만 그건 상대방에 대한 지나친 믿음 때문에 하는 실수이다.

대화할 때 더 많은 단어와 구절을 사용할수록 더 많은 가정을 하게 된다. 이것은 곧 구구절절한 표현을 간결한 단어로 줄일 때 더 효과적인 의사소통이 가능한 이유이기도 하다.

"활력 있는 글은 간결하다. 문단은 불필요한 문장을 포함해서는 안 된다. 그리고 문장은 불필요한 단어를 포함해서는 안 된다. 그 이유는 그림에 불필요한 선이 없어야 하고 기계에 불필요한 부품이 없어야 하는 이유와 같다."
― 윌리엄 스트렁크 주니어 (William Strunk, Jr.)

☞ 간결함을 유지하라.

"유머는 위대하고 은혜로운 것이다."
— 마크 트웨인(Mark Twain)

유머는 신중하게

연설할 때나 프레젠테이션할 때, 또는 영업할 때 유머는 강력한 무기가 될 수 있다. 함께 웃는 것은 결속력을 다지는 좋은 방법이다. 유머는 기분을 좋게 만들고 어색함을 없애고 대화에 에너지와 흥미를 불어넣는다.

하지만 유머는 재미있어야 한다. 신중하게 던지지 않으면 부작용이 생긴다.

대화에서 유머를 사용할 때 아래를 참고하라.

1. 당신이 재미있다고 생각한 것이 남들에게도 재미있으리라고 가정하지 마라. 능숙한 유머란 당신의 상대방·청중을 가늠할 때 나온다. 멍한 표정의 청중 앞에 서서 자기 유머에 혼자 웃는 사람은 최악이다.
2. 성차별적이나 인종차별적 유머를 피하라. 남자들만 있는 곳에서 여자에 대한 농담을 하면 안전할 거라고 생각하겠지만, 그렇지 않다.
3. 준비된 농담은 준비된 이야기만큼 효과적이지 않다. 누군가가 "그 이야기 들어봤어…?"로 농담을 시작할 때마다 나는 불안해진다. 반면 실생활에서 있었던 재미있는 이야기는 보통 다들 좋아한다.
4. 자폭도 좋은 방법이다. 자기 자신을 웃음거리로 삼는 사람은 청중을 끄는 매력이 있다. 자신의 괴짜 같고, 바보 같고, '재수 옴 붙었던' 사건을 소재로 한 이야기는 거의 언제나 사람들을 웃게 만든다.
5. 유명인의 유머를 훔쳐라. 마크 트웨인, W.C. 필즈, 제리 사인펠트의 유머를 인용하면 틀림없다.
6. 반응을 살펴라. 청중의 반응을 살피면 당신이 시도한 유머가 성공했는지 아닌지 알 수 있다. 필요하다면 방향을 전환할 준비를 하라.
7. 멈출 때를 알아야 한다. 자제할 줄 모르는 사람들이 있다. 그런 사람들은 사람들이 웃어주면 너무나 많은 유머를 쏟아내 버린다. 다 된 밥에 코를 빠뜨리는 격이다.

☞ 농담이나 이야기가 재미없을까봐 걱정된다면, 친구에게 먼저 실험해보라.

three.

제3장. 경력 개발/인맥 쌓기

이어지는 교훈들은 경력을 발전시키는 데 도움을 줄 것이다.
비즈니스 세계에서 가능한 한 크게 성공하고 싶다면 인맥 쌓기를 잘 해야 한다.
인맥 쌓기 기술에 대한 교훈 역시 이번 장에 포함되어 있다.

커넥터(connector)는 극도로 진화한 네트워커(networker)이다.

인맥 쌓기

계발해야 할 중요한 기술 중 하나는 인맥 쌓기 재능이다. 곧 사람들을 만나고 관계를 형성하고 다방면의 사람들과 연락을 지속하는 일련의 과정을 의미한다.
낯선 사람을 만나면 움츠러드는 것이 인간의 본성이다.
인맥 쌓기는 이러한 인간관계의 장벽을 허무는 것이다.
당신이 짧게라도 누군가를 만나게 된다면 그 사람과의 관계를 지속할 수 있는 문을 연 것이다. 그 사람이 지닌 '낯선 사람'에 대한 거부감은 줄어든 상태이기 때문이다.
만나고 싶은 사람에게 다가가는 다른 방법은 소개받기이다. 소개를 부탁하라. 그러면 분명 그 사람을 알아가는 과정이 시작된다.
인맥 쌓기를 잘 하는 사람은 매주 일정 시간을 사람들을 만나고 유지하는 데 할애한다. 이런 사람들은 주도적이다. 그들은 인맥 쌓기가 사업에 중요한 요소임을 알고 많은 에너지를 쏟아 붓는다.
거의 모든 경우 인맥 쌓기는 노력한 만큼 가치가 있지만, 고단한 일이기도 하다. 인맥 쌓기를 잘 하려면 시간과 에너지를 투자해야한다. 하지만 당신은 인맥 쌓기에 쏟을 시간이나 의지가 없을 수도 있다.
다행히 지름길이 있다. 연결고리 역할을 해줄 사람(커넥터, connector)을 만나는 것이다.
커넥터는 매우 적극적으로 인맥 쌓기를 하는 사람들이다. 다양한 방면의 사람들과 친분을 가진 사람들이 있다. 이들은 본능적으로 타인에게 관심을 갖는다. 그리고 이들 중 대부분은 소셜 네트워크를 능숙하게 사용한다.
당신의 활동 분야에서 커넥터를 만난다면 그 사람과 관계를 형성할 수 있을 것이다. 상황이 잘 따라준다면 커넥터의 지인을 당신의 지인으로 만들 수도 있을 것이다. 결국 당신의 인맥 쌓기 능력은 눈에 띄게 발전하게 된다.

☞ 당신이 몸담은 분야에서 발이 넓은 사람을 찾아라.
그리고 그 사람의 신뢰를 얻어라.

"관계는 커리어를 쌓기 위한 벽돌과 같다.
처음에는 상대적으로 적은 사람에서 시작하여 그 수를 점차 늘려나가면
강력하게 연계된 지인들의 재능과 명성이 당신의 커리어 발전을 도와줄 것이다."
— 켄 크라겐(Ken Kragen), 『인생은 몸으로 부딪히는 스포츠다(Life is a Contact Sport)』 저자

피플 다이어리

내가 대학을 졸업할 때 아버지께서 해주신 조언 중 가장 좋았던 한 가지는 내가 만난 모든 사람들에 대해 일기나 일지, 또는 어떤 형태로든 기록하라는 것이었다.

아버지는 사람들의 이름과 연락처 정보, 직업, 만나게 된 경로, 공통점(예를 들면 조깅을 한다, 영화를 좋아한다.) 등을 적은 색인 카드를 만들라고 하셨다.

아버지는 내게 색인 카드를 6개월마다 한 번씩 확인하고 연락이 뜸했던 사람들에게 연락을 하라고 말씀하셨다. 그러면 사람들에 대한 정보를 최신으로 유지할 수 있다고 하셨다.

이렇게 하면 가능한 한 많은 사람들과 연락을 지속할 수 있으며, 언제 그 사람들로부터 도움을 받게 될지 모르는 일이다. 아버지가 해주신 말씀은 하나도 틀리지 않았다. 오늘날 지인의 정보를 기록하는 일은 30년 전에 비해 훨씬 쉽다. 색인 카드시스템은 사용이 편리한 디지털 방식으로 대체되었다. 하지만 여전히 시스템에 기록하며 사용해야 하는 것은 마찬가지이다.

시스템의 세부사항은 다음의 유의사항에 비하면 그렇게까지 중요하지는 않다.

1. 당신의 분야에서 성공하는 데는 타인과의 관계도 중요한 역할을 한다.
2. 당신이 만나는 모든 사람들로부터 언젠가 도움을 받게 될 수도 있다.
3. 어떤 사람을 단 한번 만났더라도 도움이 필요할 경우 더 수월하게 부탁할 수 있다.
4. 도움이 필요한 경우 연락할 사람을 검색하는 시스템을 만들어두어라. 당신이 필요로 하는 것에 응대할 수 있는 사람을 기억해내고 연락을 취하는 데 도움이 되는 방법이라면 어떤 것이든 괜찮다. 우리 아버지께서 말씀하신 색인 시스템을 기억하는가? 그 방식은 이제 구식이 되었지만 그 방법론은 여전히 중요하다. 당신이 만난 모든 사람과 그들의 직업 등에 대한 기록을 남기는 것 말이다. 이렇게 수집한 정보를 이름, 직업, 사는 곳, 전문분야 등으로 목록화하여 도움이 필요할 경우 도움을 요청할 수 있다.

☞ 만나는 모든 사람의 정보를 기록하라.

좋은 첫인상을 남길 기회는 두 번 오지 않는다.

첫인상

사람을 만나게 되면 좋은 첫인상을 주기 위해 최선을 다하라.

타인과의 최초의 물리적 접촉은 아마도 악수가 될 것이다. 이 기회를 활용하여 타인에게 당신이 알아두고 기억해둘 가치가 있는 사람임을 보여주어라.

악수는 힘차야 하지만 손을 부러뜨릴 만큼 세서는 안 된다. 어떤 사람들은 자신이 얼마나 남자다운지 보여주려고 악수할 때 힘을 주어서 손을 꽉 쥔다. 그런 사람들에게는 마음이 가기 어렵다. 반면, 힘없고 물렁한 악수만큼 별로인 것도 없다.

이와 마찬가지로, 상대방의 눈을 잘 바라보아야 한다. 상대방에게 주의를 집중하고 있으며 만남을 중요하게 여기고 있음을 알려주어야 한다.

사람들은 순간적으로 결정을 내린다. 최근 연구 결과 순간적으로 내리는 평가가 종종 더 옳다는 사실이 밝혀졌다. 베스트셀러인 말콤 글래드웰(Malcolm Gladwell)의 『블링크(Blink)』는 순간적으로 내린 결정이 모든 면에서 신중하고 조심스럽게 내린 결정보다 정확할 수 있음을 전제한다.

우리는 매일같이 순간적 판단을 내리며 또 그래야만 한다. 하루 종일 너무나 많은 일이 일어나므로 내려야 하는 모든 결정에 대하여 자리를 펴고 앉아 곰곰이 생각할 시간을 갖는다면, 아무것도 이뤄내지 못하게 될 것이다.

따라서 우리는 지름길을 택한다. 의식적으로든 무의식적으로든 우리는 과거에 효과를 보았던 정보에 의존한다. 단 몇 초 만에 상대방의 악수나 시선의 마주침 혹은 시선을 피한다는 느낌 등을 통해 그 사람에 대해 받는 감각적인 신호에 의존하는 것이다.

이러한 상황은 상대방이 당신을 처음 만났을 때에도 마찬가지로 발생한다. 상대방 역시 당신에 대한 순간적 평가를 내려야만 한다. 시선을 마주치는 방식을 통해 그 만남을 진지하게 받아들이는지 알 수 있다. 악수하는 방식을 통해 어떤 사람인지 알릴 수 있다. 상대방은 순간적으로 판단을 내릴 것이다.

☞ 사람들은 상대방을 단 몇 초 안에 평가한다.

"목적을 달성하고 사명을 완수하고 세상에 기여하는 능력은 인적 자본(지식, 전문성, 경험)뿐만 아니라 사회 자본(개인적, 사업적 인맥을 통해 가용한 자원)에도 상당부분 좌우된다."

— 웨인 베이커(Wayne Baker),

『사회 자본으로 성공하기(Achieving Success Through Social Capital)』 저자

사회 자본

사회 자본(소셜 캐피탈, social capital)이란 당신이 타인과 맺은 관계의 힘을 의미한다.
타인과의 관계에서 사회 자본이 많다는 것은 상대방에게 많은 것을 부탁할 수 있다는 뜻이다.
가까운 친구들과 가족 관계에서 사회 자본은 거의 무한대이다. 이들에게는 많은 것을 부탁할 수 있다.
대부분의 지인들과의 관계에서 사회 자본은 더 적다.
물론 정확한 수치를 재는 것은 불가능하다. 더 간단히 말하자면, 타인과의 관계가 좋을수록 더 많은 사회 자본을 갖게 되며, 당신이 부탁할 수 있는 일의 정도는 커지고 빈도는 많아진다.
사회 자본을 많이 지닌 사람은 진정한 '부자'이다. 당신이 필요로 하면 언제든지 당신을 기꺼이 돕고자 하는 사람이 많을수록(다시 말해 사회 자본이 많을수록), 엄청나게 많은 기회의 문이 열릴 것이다.
당신이 지닌 사회 자본을 남용하지 않도록 언제나 주의해야 한다.
예를 들어 누군가를 처음 만났을 경우, 그 사람과의 관계는 이제 막 형성되기 시작했으므로 그 사람과의 관계에서 사회 자본의 정도는 낮다. 그런 상대에게 큰 부탁을 하는 것은 제한적인 사회 자본을 사용하는 데 신중하지 못한 행동이다. 사실 누군가에게 '너무 많은 것을, 너무 빠른 시일 내에' 요구한다면 사회 자본을 잃게 될 것이다.
당신이 타인과 맺은 관계의 깊이 및 수가 곧 당신의 사회 자본을 이룬다.
사회 자본은 모든 면에서 진짜 자본, 곧 돈 만큼이나 값지다. 인맥 쌓기를 잘 하는 사람들은 사회 자본의 특징을 잘 이해하므로 관계를 형성하는 데 많은 시간을 투자한다. 그렇게 투자한 시간은 반드시 보상으로 돌아온다!

☞ 사회 자본을 돈 만큼이나 조심스럽게 관리하라.

경쟁

"아프리카에서는 매일 아침 가젤이 잠에서 깨어난다.
가젤은 가장 빠른 사자보다 더 빨리 달리지 않으면 죽는다는 사실을 안다.
아프리카에서는 매일 아침 사자가 잠에서 깨어난다.
사자는 가장 느린 가젤을 앞지르지 못하면 굶어죽는다는 사실을 안다.
네가 사자이든, 가젤이든 마찬가지이다.
해가 떠오르면 달려야 한다."

— 토마스 프리드먼(Thomas Friedman)의
『세계는 평평하다.(The World is Flat)』 중에서

나는 온통 경쟁으로 가득한 이 세상을 아프리카를 무대로 묘사한 이 구절을 좋아한다. 무엇을 하든 많은 경쟁상대를 물리쳐야만 한다. 아마 그 경쟁상대는 우리나라뿐만 아니라 전 세계에서 모여든 똑똑하고 성실한 사람들일 것이다.
그리고 당신이 스스로를 사자로 생각하든 가젤로 생각하든 간에 크게 성공하길 원한다면 오랜 시간 공을 들여 준비해야 한다.
자, 이제 잠시 속도를 늦춰 생각해보자.
이 책의 상당부분은 어떻게 최고의 자리에 오르느냐, 즉 당신이 선택한 분야에서 어떻게 큰 성공을 거두느냐에 대한 조언이다. 하지만 사람마다 성공의 의미를 다르게 정의한다는 사실을 짚고 넘어갈 필요가 있다.
사다리를 상상해 보라. 사다리의 맨 꼭대기는 직업이나 활동의 정점을 의미한다. 모든 사람이 사다리의 꼭대기까지 올라가는 수고를 기꺼이 하려 들지는 않는다. 몇몇 사람들에게는 꽤 낮은 단계에서 사다리를 내려오는 것도 만족스런 선택이다. 이런 사람들은 자기 스스로가 정의내린 수준의 성공을 성취하는 데 만족하지, 엄청난 목표를 달성하고자 하지는 않는다.
사람들은 언제, 어디서 그 사다리를 내려올지 스스로 잘 모른다. 우리는 사다리의 꼭대기를 원하는 사람들에게, 그저 고되고 심한 경쟁에 대비할 것을 충고할 따름이다.

☞ 경쟁은 인생의 일부분이다. 경쟁의 정도는 당신의 결정에 달렸다.

"홍보하지 않으면 무시무시한 일이 생긴다. 그건 바로 아무 일도 일어나지 않는 것이다!"

— *P.T. 바넘(P.T. Barnum)*

자기 홍보

매우 많은 사람들이 스스로를 홍보하는 데 어색해한다.
자기 홍보는 당신이 누구이고 어떤 일을 하는지 소개하는 일련의 행동의 일부이다.
그리고 집단에서 당신을 돋보이게 만드는 중요한 기술이다.
자기 홍보가 종종 타인을 불편하게 만들 수는 있지만, 그러한 부정적인 반응을 최소화할 수 있는 방법이 있다.

1. 자기 비하적인 접근법을 활용해보라. 마치 나 자신도 스스로 해낸 일에 어안이 벙벙하다는 듯이.
   "나도 내가 이런 일을 해냈다는 걸 믿을 수가 없지만…" 또는
   "상을 실수로 나한테 잘못 줬다고 할 게 분명해." 등
2. 남에게 티내고 싶은 정보를 나중에 생각났다는 듯이 대화 도중에 간접적으로 흘려라
3. 언론 보도는 영향력이 크지만, 기사 작성 과정에 당신이 관여할 필요가 있다. 언론 홍보 담당자를 고용하게 되면 어떤 글을 쓰는지 잘 지켜보아라. 당신 마음에 들지 않는 방향으로 기사를 내보내지 않게 조심하라.
4. 소셜 네트워크를 활용하라. 당신이 하고 있는 일에 대한 말을 퍼트리기에 매우 좋은 방법이다.
5. 전문 분야를 홍보함으로써 추종자를 만들어라. 블로그, 이메일, 연설 그 어떤 것이든 당신의 전문성을 알릴 수 있는 것이면 된다. 그리고 지금 하고 있는 일을 알려라. 세미나나 회의에서 연설할 일이 있다면 그 정보를 지인들에게 알려라.
6. 가능한 많은 언론인과 친해져라. 언론인은 당신의 홍보 대리인이 되고 싶어 하지 않는다는 사실을 감안하고, 너무 밀어붙이지 마라.
7. 자기 홍보를 인맥 쌓기와 마찬가지로 사업 계획의 일부로 삼아라. 한 주에 1~2시간 정도는 시간을 할애해야 한다.

☞ 수줍어하지 마라!

"작은 예의도 대단한 효과가 있다."

기본예절

성공은 종종 그저 눈에 띄는 행동에서 비롯된다.
어떤 직업이든 간에 비슷한 수준으로 일하는 사람들과 서로 경쟁한다. 때로는 당신이 하는 작은 행동이 다른 사람들의 눈에는 큰 차이로 보일 수 있다.

1. 도움을 준 사람에게 손으로 쓴 감사 편지를 보내라. (이메일보다 낫다)
2. 당신이 만나고 싶어 하던 누군가를 소개받았다면 소개해준 사람에게 그 만남이 어땠는지 결과를 알려주어라.
3. 휴대전화 에티켓은 매우 중요하다. 주변 사람들 중 아무도 당신 통화 내용을 듣고 싶어 하지 않기 때문이다.
4. 누군가가 도움을 청한다면 도움을 줄 수 없더라도 즉각 답하라. 대답이 없는 것은 부정적인 대답보다 더 불쾌하다.
5. 블로그, 기사, 웹사이트 등에서 지인이 흥미를 가질 만한 내용의 글을 읽으면 전달해 주어라.
6. 지인의 성공 소식을 읽거나 듣게 되면 축하한다고 전화나 편지를 써라.
7. 지인이 힘든 일을 겪고 있다면(직장을 잃거나 아프거나 사랑하는 사람을 잃었다면) 연락하라. 마음이 괴로운 사람들은 자신의 이야기를 들어주는 사람에게 고마움을 느낀다.
8. 누군가와 대면하여 이야기를 나눌 때에는 상대방에게 집중하라. 시선을 고정하지 않는 것만큼 불쾌한 일도 없다.
9. 지인에게 도움이 될 만한 정보를 들었다면 가급적 빨리 알려주어라. 이러한 배려는 나중에 큰 보답으로 돌아올 것이다.
10. 대접받고 싶은 대로 남을 대접하라.

☞ 배려와 예의는 결코 유행에 뒤떨어지지 않는다.

"인맥 쌓기를 통해 얻는 결과는 한 알의 씨앗으로 시작한 과수원에서 사과를 줍는 일과 같다."
— 미스너, 알렉산더, 힐리어드, 『프로처럼 네트워킹하라(Networking Like a Pro)』

부메랑

인맥 쌓기를 잘 하는 사람들은 타인의 신뢰와 애정을 얻기 위해 많은 시간과 노력을 들인다. 한 가지 방법은 자신이 주변 사람을 잘 도와준다는 평판을 쌓는 것이다.
상호주의의 원칙에 따라 당신이 남을 도우면 상대방은 그 호의를 되돌려 주고 싶어 하게 된다. 따라서 타인을 돕는 일이란 어떻게 보면 나중에 인출해서 쓸 수 있는 호의를 은행에 저축하는 일이다.
하지만 인맥 쌓기에 능한 사람들은 상호주의의 원칙에 매몰되지 않는다. 즉 이들은 보답을 기대하지 않고 남을 돕는다.
인맥 쌓기의 고수들은 사람들이 결코 자신에게 도움이 되지 않으리라는 사실을 안다. 그리고 모든 사람이 상호주의의 원칙을 지키지는 않는다는 사실도 안다.(어떤 사람들은 의무적으로 호의를 갚고자 하지 않는다.)
한 고수가 자신의 철학을 내게 이야기했다.

"저는 남을 돕는 일이 부메랑을 던지는 것과 같다고 봅니다. 부메랑이 어디로 돌아올지 알지 못한 채 던지긴 하지만, 어쨌든 돌아오리라는 것은 아니까요."

부메랑 이론은 '업보', 즉 '원인과 결과'에 대한 것이다. 업보를 믿는 사람들은 선의를 행하는 사람들에게 선의가 돌아온다고 본다.
업보를 믿건 믿지 않던 간에 부메랑 이론, 혹은 타인에게 베푸는 행위에 있어서 인맥 쌓기 고수들은 직접적이고 즉각적인 보답을 기대하여 행동하지 않는다.
인맥 쌓기는 정신적인 차원의 일이다. 인맥 쌓기는 당신이 많은 사람들을 만나고, 하는 일을 이야기하고, 가능하면 그들을 도와줄 경우 그 선의가 당신에게 돌아온다는 생각에 기초한다.

☞ 열성적으로 사람을 사귀되 즉각적인 보답은 기대하지 말아라.

모르는 사람과 접촉하는 일은 두렵긴 하지만 노력할 가치가 있다.

모르는 사람과 접촉하기

사업을 하다 보면 모르는 사람을 만나야 하지만 그 사람을 아는 사람이 아무도 없는 경우가 있을 것이다. 그러면 접촉을 시도해야만 한다.

1. 연락을 시도하기 전에 찾아라. 같은 대학을 다녔는가? 나와 관련 있는 단체에 소속되어 있는가?
2. 페이스 북(facebook)에 들어가 보았는가? 직접 연락 가능한 연락처는 없더라도 그 사람을 아는 다른 사람은 알 수 있을지 모른다. 시간이 걸릴지 모르지만 시도해 볼 가치가 있다.
3. 이메일 주소를 안다면 메일을 보내보아라. 자기소개를 하고, 만나고 싶은 이유를 설명하고, 언제 시간이 가능한지 알리고, 회의를 10분 내로 끝내겠다고 약속하라.
4. 이메일에 답이 없으면 전화를 걸어라. 전화 메모를 남길 수 있으면 된다. 짧고 요점이 명확한 메모를 남겨라.
5. 누군가가 전화를 받는다면, 그 사람이 나에게 몇 분 정도 시간을 내줄 수 있을지 묻는 것으로 대화를 시작하라. 불가능하다면 허락을 구하여 다른 시간대나 다른 방법으로 연락을 취하겠다고 하라. 이메일이 편하다고 하면 메일 주소를 확인받고 즉시 메일을 보내라.
6. 전화 시도가 실패하면 편지를 보내라. 예쁜 편지지에 적힌 개인적인 편지는 눈길을 끌게 마련이다.
7. 비서가 있다면 비서에게 연락을 취하라. 비서와 관계를 구축하면 얻는 것이 많다.
8. 만나고자 하는 사람과 우연히 마주쳐라. 그 사람이 어디에서 식사하고, 어디에서 연설할 예정이고, 어디에서 개를 산책시키는지 알았다면 '우연한' 만남을 시도하라. 하지만 소개는 짧고 다정해야 함을 명심하라. 연락해도 괜찮은 방법을 물어라. 상대방이 호응하지 않는다면 이야기를 길게 끌지 말 것.
9. 만나고자 하는 사람이 중요한 사람이라면(예를 들어 유명 인사나 사업상 주요 고객) 그 사람의 소속사, 변호사 또는 대리인에게 먼저 연락을 시도하라.
10. 거절을 당했다고 해서 개인적인 감정을 갖지 마라. 연락을 취하기까지 지속적인 노력이 필요할 수 있다.

☞ 냉담한 사람과 연락을 시도하는 일은 쉽지 않지만 필요한 경우가 있다.

"취업 인터뷰를 본 후에도 직접 감사편지를 쓸 시간을 가져라. 그런 노력을 보이는 것만으로도 의사결정에 영향을 미칠 수 있다. 많은 고용주들이 채용을 결정할 때 그런 노력을 감안한다."

— 신디 짐머만(Cindy Zimmermann), *WritingnStyle.com* 창립자

취업 인터뷰

직업을 얻기 위해서는 스스로를 돋보이게 할 수 있는 모든 일을 시도할 필요가 있다. 성공적인 인터뷰는 채용에 결정적인 영향을 미친다.

1. 준비하라! 당신이 지원하는 자리와 인터뷰하는 회사에 대해 가능한 모든 것을 알아가라. 면접관이 당신의 배경과 관심사, 그리고 지원 이유를 물을 거라고 예상된다면 답변을 준비해두어라. 면접관이 회사에 대해 궁금한 점을 물어 볼 수도 있으므로 질문도 몇 가지 준비해 두어라.
2. 면접관의 비서(또는 사무실 안내원)에게 어떤 옷차림이 적절한지 물어라. 확실치 않다면 조금 더 차려입는 편이 낫다.
3. 이력서 사본을 준비해 가라.
4. 면접관이 얼마나 우호적으로 행동하는지 정도에 따라 반응하라. 어떤 면접관은 매우 사무적이고, 어떤 면접관은 당신을 더 개인적으로 알고자 할 수 있다. 면접관의 친절 수준에 맞추도록 노력하라.
5. 주변을 살펴보라. 어떤 사람들이 일하고 있는가? 사내 문화에 대한 힌트를 얻을 수 있다.
6. 면접관의 주의가 지속되는 시간에 답변을 맞추라. 언제 면접관이 당신의 말을 끊는지 확인하라. 30~40초 이상을 (방해받지 않고) 말했다면 멈출 때가 된 것이다. 또한 면접이 종료되었다는 사인을 줄 때 알아차려야 한다.
7. 힘 있는 목소리와 "감사합니다."라는 말로 마무리하라: "시간 내주셔서 감사합니다. 정말 일하기 좋은 회사인 것 같고 제가 회사를 위해 기여할 수 있으리라 믿습니다."
8. 자리를 떠나며, 다음 단계에 대해 확실히 하라: "제가 더 알려드려야 하는 내용이 있나요, 아니면 연락을 기다리면 되는지요?"
9. 면접 후 손으로 쓴 편지를 보내라. 기술이 발달한 현대 사회에서 손 편지는 주의를 끌고 관심과 진정성을 드러내준다. 그저 "대화를 나눌 수 있어서 즐거웠습니다. 회사에 대해 많은 것을 배웠으며, 추후 연락 기다리겠습니다." 정도면 된다.

☞ 준비한다면 면접에 훨씬 더 효과적으로 임할 수 있다.

존중

당신이 사회 초년생이라면 꼭 알아두어야 할 오래된 격언이 있다.
"잘 풀릴 때 만나는 사람은 잘 풀리지 않을 때에도 만나게 된다."
다른 말로 하자면, 비즈니스의 세계는 지속적으로 변화한다. 사내 권력은 하루아침에 뒤바뀌기도 한다. 당신과 현재 직급이 동일하거나 더 낮은 사람이 어느 날 당신의 승진을 결정짓게 될 수도 있다.
좋은 사람이라는 평판은 둘째 치고 바로 그 이유 때문에 자신이 속한 회사의 모든 구성원을 존중하며 대해야 한다. 거의 모든 회사에는 우편 수발실로 입사했다가 중역의 자리까지 오른 전설적인 인물이 한둘은 있다. 정말 사람 일은 아무도 모르는 것이다!
게다가 당신이 빨리 승진하고 중요한 위치에 오르게 되더라도 당신의 입지는 부하 직원의 성과에 따라 결정될 것이다.
오늘날의 비즈니스 세계에서 혼자 성공할 수 있는 사람은 아무도 없다. 당신을 성공으로 이끄는 능력은 주변 사람들의 노력과 긴밀하게 연관되어 있다. 주변 사람들을 잘 대하면 100퍼센트 보상으로 돌아온다. 반면 자신이 부당하게 대접받았다고 생각하는 사람들은 종종 자기에게 의지하는 사람들에 대항하여 태업을 벌이기도 한다.
위의 격언은 다른 방식으로 이해할 수도 있다. 어떤 사람이 당신에게 부당하게 대한다면, 당신은 그 사람이 하향세를 탈 때 그 사람을 맞닥뜨리게 될 수도 있다는 뜻이다. 그러니 인내심을 가져라. 규모가 큰 조직에서는 공격적이고 무신경하고 거만한 사람들은 결국 퇴출당하는 것이 현실이다.
그러니 오만한 상사가 당신의 인생을 망치게 두지 마라. 그 자리에서 할 수 있는 한 가장 열심히, 잘 하라. 결국 난 사람은 떠오르고 못난 사람은 가라앉게 마련이다.

☞ 모두에게 사려 깊게 대하라.

인맥 쌓기를 잘 하는 사람은 숫자의 힘을 극대화하는 법을 안다.

소셜 네트워크, 소개, 그리고 추천

경력개발의 기초는 사람들과의 관계를 유지하는 것이다.
약간만 일찍 연락을 취하더라도 타인의 조언이나 도움을 구하는 일이 더 쉬워진다.
오랜 고등학교 친구가 당신을 도와주는 입장이 될지 알 수 없는 일이다.
오늘날에는 거의 모든 사람들이 페이스북을 하므로, 잘 이용하면 사람들이 요즘 무엇을 하고 지내는지 쉽게 알 수 있다.
소셜 네트워크를 잘 활용하면 당신이 알고 싶어 하는 사람과 연락이 닿는 지인이 있는지 확인해볼 수 있다. 그러면 당신은 지인에게 만나고 싶은 사람을 소개해줄 수 있는지 물어볼 수 있다.
소개는 매우 유용하다. 그냥 접근하는 것과 그 사람의 지인에게(신뢰하는 지인이면 더 좋다) 소개를 받은 후 연락하는 것은 큰 차이가 있다.
당신이 영업사원이라면 추천 역시 매우 중요하다.
영업사원들은 지속적으로 새로운 가망고객을 만나야 한다. 기존 고객과 좋은 관계를 유지하고 있다면 당신의 제품이나 서비스를 필요로 할 다른 고객의 추천을 부탁할 수 있는 좋은 기회를 얻을 수 있다. 게다가 당신의 고객이 가망고객에게 실제로 연락하여 당신 제품의 장점을 설명해 준다면 굉장한 효과가 있다.
어떤 사람들은 소개나 추천을 부탁하길 꺼려하지만 그래서는 안 된다. 당신이 정중하게 부탁한다면, 부탁받는 사람의 기분을 상하게 할 리는 없다.
추천과 소개는 사업의 기본이며 영업을 원활하게 해준다. 그리고 당신이 누군가에게 괜찮은 상품이나 서비스를 판매했다면, 소개나 추천을 부탁한다고 해서 잘못될 일은 없지 않겠는가.

☞ 소셜 네트워크는 지인들과 연락을 주고받을 수 있는 간편한 방법이다.
당신이 이 세상에 존재하고 있음을 알려라.

6단계 법칙

케빈 베이컨(Kevin Bacon, 미국의 영화배우) 게임이라는 것이 있다. 이 게임은 이 세상의 모든 사람들이 베이컨으로부터 여섯 다리를 건너면 아는 사람이라는 아이디어를 기본으로 시작되었다.

이 게임의 시초는 사실 1967년에 스탠리 밀그램(Stanley Milgram) 박사의 연구이다. 밀그램 박사는 네브래스카 주 오마하(A 지점)에 사는 200명의 사람들에게 알지 못하는 누군가에게 편지를 보내보도록 시켰다. 편지를 받는 사람은 매사추세츠 주 보스턴에 사는 사람이었다(B 지점).

A 지점에 있는 각각의 사람들은 보스턴에 있는 남자에게 편지를 전달할 방법을 알 수도 있는 지인들에게 편지를 보내라고 지시받았다. 200개의 편지가 A 지점에서 B 지점으로 전달되기까지는 평균적으로 6단계가 걸렸다. 바로 이 실험에서 지구상 모든 사람들이 다른 누군가와 여섯 단계만 거치면 연결되어 있다는 아이디어가 탄생했다.

밀그램 박사의 연구에 뒤이어 한 컴퓨터 공학자가 케빈 베이컨(다른 유명인들도 마찬가지로)이 영화계의 다른 사람들과 연결되어 있는지 분석해 보았다. 그 결과 케빈은 매우 발이 넓다는 사실이 밝혀졌다. 케빈을 0으로 두고 그와 함께 영화 작업을 한 적이 있는 사람을 1로 둔다. 함께 영화 작업을 한 배우와 같은 영화에 출연한 사람은 2로 둔다. 그렇게 한 단계씩 늘려나간다.

컴퓨터 작업 결과 360,000명의 배우 중 케빈과 관계 지을 수 있는 배우들이 평균적으로 갖는 거리는 2.86으로 드러났다. 즉 케빈은 매우 많은 수의 배우들과 단지 3단계만 거치면 아는 사이라는 뜻이다.

케빈이 다수의 배우들과 연관되어 있는 이유는 다양한 역할을 맡았기 때문이다. 그것은 6단계 법칙의 핵심으로, 사업가로서 성장하고 발전하기 위한 핵심이기도 하다. 당신과 비슷한 사람들만 만나고 관계를 맺는다면 다양성에 한계가 생긴다. 당신이 속한 집단을 벗어나면 각자의 집단을 지닌 다양한 사람들을 만나볼 수 있다. 그렇게 함으로써 당신과 연관된 사람들의 수와 범위를 많이 넓힐 수 있다.

☞ 다양한 유형, 사회 계층, 경험을 지닌 사람들을 만나라.

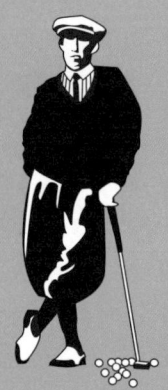

"사람들이 골프를 골프라 부르는 까닭은 다른 욕은 이미 써버려서이다."
— 레이먼드 플로이드(Raymond Floyd) 전 골프선수.

골프

"사업상 많은 부분이 결정되는 것은 다른 때보다도 점심이나 저녁 식사시간이다. 하지만 어떤 경영대학원에서도 그 사실을 가르쳐주지 않는다."

— 피터 드러커(Peter Drucker)

사람들의 태도는 일상적인 근무 환경을 벗어나면 덜 방어적이고 더 개방적인 경향이 있다. 게다가 당신이 식사 모임이나 사교 모임을 주최한다면 사람들은 고마움을 느끼고 일반적으로 열심히 참여하고자 하는 열의를 보인다.

"사업상 많은 부분은 회의실보다 골프 코스에서 결정된다." 라는 또 다른 격언 역시 잘 알려져 있다. 골프에서 원하는 점수를 얻기란 어려우므로 게임에 참여하는 사람들이 서로 '팀'을 이루어 골프 코스를 정복해야 한다고 느끼곤 한다. 그래서 유대관계를 쌓는 데 특히 좋은 경험이 된다. 골프 게임을 통해 참가자들 사이에 우정이 형성된다.

골프는 유대감을 형성하는 환경을 만들기 위한 여러 가지 방법 중 하나일 뿐이다. 다른 방법들은 다음과 같다.

1. 피터 드러커가 말했다시피 점심이나 저녁 식사에 초대하라.
2. 사람들은 스포츠 경기 관람을 좋아한다. 나는 개인적으로 사업 관계 구축에 야구 경기 관람이 매우 좋다고 생각한다. 야구 경기의 진행 속도는 축구나 농구보다 느리므로 한가한 수다를 나눌 시간이 많아진다.
3. 사람들은 무언가 잘 하는 사람과 함께 활동하는 것을 즐긴다. 우리 자문단 중 한 명은 테니스를 정말 잘 친다. 사람들은 그가 테니스를 잘 치기 때문에 그와 함께 테니스를 치고 싶어 한다. 그리고 그는 다른 사람의 경기에 칭찬을 보내거나 도움이 될 만한 조언을 해주는 등 매우 친절하다. 테니스를 친 두 사람은 차가운 음료를 나눠 마시며 즐거운 대화를 나눈다.
4. 나는 탁구, 수영, 포커 등에 사람들을 초대함으로써 사업 관계를 맺거나 쌓아 나간다. 핵심은 그러한 활동을 지나치게 진지하게 받아들이지 않는 것이다. 실제로 얻고자 하는 것은 상대방과의 관계를 맺는 것이다.

☞ 상대방을 근무 환경에서 벗어나게 만들면 사업 거래와 관계를 맺을 수 있는 이상적인 환경을 조성할 수 있다.

짐 난츠　　　러셀 시몬스
Jim Nantz　　　Russell Simmons
CBS Sportscaster　　*Entrepreneur*

많은 유명 인사들이 사업을 시작하려고 무보수로 일하기 시작했다.

무보수로 일하기

젊은이들이 직업을 갖기 위해 가장 좋은 방법 중 하나는 무보수로 일하는 것이다. 이를 감안하면 인턴십 제도가 가장 바람직하다. 젊은이들이 무보수로 일하는 대신 경험과 인간관계를 얻을 수 있기 때문이다. 사실 오늘날 영향력 있는 자리에 오른 성공한 사람들 중에는 무보수로 일을 시작한 사람이 많다. 이들은 사업을 시작할 기회를 얻기 위해 필요한 일을 시작했으며 일단 문이 열리면 자신의 가치를 증명해 보였다.

다음과 같은 이유로 인턴십 제도를 추천한다.

1. 고용주들은 일반적인 채용 전형으로 뽑기에 아직 부족한 사람을 인턴십 프로그램에 채용함으로써 위험을 감수할 것이다.
2. 인턴십은 사회 초년생들이 자신을 증명할 수 있는 기회를 준다. 많은 고용주들은 결국 인턴으로 근무한 사람을 채용하게 되는데, 이들은 인턴십 제도가 없었더라면 채용되지 못했을 수도 있다.
3. 대다수의 고용주들은 인턴십 제도를 진지하게 받아들이며 의미 있는 경험을 제공하기 위해 최선을 다한다.
4. 인턴십 제도는 사업이나 직업에 대해 파악할 수 있는 좋은 기회이다. 기업 내부에서 그 직업이 실제로 어떤지 파악함으로써, 인턴은 그 직업이 자신이 실제로 원하는 일인지 아닌지 확인할 수 있다.

인턴으로 들어가는 방법
1. 대학생이라면 커리어 개발 센터나 학생 지원 서비스 센터를 방문하라. 가능한 많은 직업 설명회에 참가하라.
2. 네트워크—당신이 관심을 갖고 있는 분야에 관련되어 있는 사람들을 찾아라.
3. 전화 접촉—"안녕하세요, 무급 인턴십 제도를 운영하고 계신지 궁금해서 전화 드렸습니다."
4. 벼룩시장이나 다른 온라인 취업정보 사이트를 참고하라.
5. 문을 두드려라—회사에 방문하여 안내원에게 대화를 할 수 있는 사람이 있는지 물어라.

☞ 무보수로 서비스를 제공하라.

four.

제4장. 시간 관리와 생산성

이어지는 교훈들은 하루를 보다 효과적으로 사용하기 위한
전통적인 방법과 개인의 생산성을 향상시키기 위한 방안들이다.
말할 필요도 없이 하루 24시간이라는 선물을 가장 잘 활용하는 일은 목표 달성을 위해 매우 중요하다.
다음의 교훈이 도움이 되길 바란다.

"시간은 공짜이지만 가치를 따질 수 없다.
시간은 가질 수 없지만 사용할 수 있다.
시간은 저장할 수 없지만 보낼 수 있다.
시간은 한 번 잃어버리면 다시 돌아오지 않는다."
— 하비 맥케이(Harvey Mackay), 『상어와 헤엄치기(Swim with the Sharks)』 저자

시간 관리 – 파악하기

시간 관리는 시간을 가장 효과적으로 사용하기 위한 전략과 기술의 총체이다.
우리 각자는 모두 하루에 24시간, 한 주에 168시간을 쓸 수 있다. 시간 관리를 잘 하는 사람은 이 한정된 시간 안에 많은 일을 해낸다.
효과적으로 시간을 관리하기 위한 첫 번째 단계는 현재 시간을 어떻게 쓰고 있는지 파악하는 것이다.
시간 관리의 대가들은 주기적으로 시간 일지를 써서 한 주의 일정에 어떻게 시간을 할애하고 있는지 기록할 것을 추천한다.
그 한주 동안, 매일 밤, 잠자리에 들기 전에 24시간을 어떻게 사용했는지 일지에 기록한다. 범주를 나누고(수면, 독서, 웹서핑, TV시청 등) 사용한 시간을 기록한다. 그 주의 마지막에는 어떤 일에 얼만큼의 시간을 썼는지 확인한다. 아마도 놀라게 될 것이다.
이 작업의 핵심은 당신이 시간을 어떻게 사용하고 있는지 분석하고, 필요하다면 조정하기 위한 것이다.
목표 성취에 한발 더 다가가기 위해 많은 시간을 사용하고 있는가? 아니면 인생의 목표를 달성하는 데 도움이 되지 않는 일에 너무 많은 시간을 할애하고 있는가?
시간은 빨리 달리는 차와 같다. 주의를 기울이지 않으면 차는 당신 곁을 떠나가 버릴 것이다. 그렇기 때문에 속도 측정기를 주의 깊게 지켜봐야 하는 것이다. 그리고 이것이 주기적으로 시간 일지를 작성해야 하는 이유이다.
시간은 계속해서 움직인다. 시간 자체를 통제하는 것은 불가능하지만, 시간이 흐르는 동안 당신이 하는 일을 통제하는 것은 가능하다.

☞ 현재 일상적으로 한 주간의 시간을 어떻게 사용하고 있는지 분석하라.

"능률적인 경영자들은 하루 일과를 세워 일한다.
그것은 생산성을 극대화하기 위해 만들어낸 도구 중 가장 강력한 힘을 갖는다.
다른 어떤 시간 관리 도구보다도 목록을 작성함으로써
빠르게 혼돈 상태에서 질서를 찾을 수 있다."
— 브라이언 트레이시(Brian Tracy),
『잠들어 있는 시간을 깨워라(Time Power: a Proven System for Getting More Done)』 저자

'해야 할 일' 목록

'해야 할 일' 목록의 중요성은 정말 강조하고 싶다.
'해야 할 일' 목록은 특정 시간 내에 당신이 해야 할 일이 무엇인지 확인하게 해준다.
그 시간은 하루, 일주일, 또는 한 달이 될 수도 있다.
목록은 당신의 휴대전화에 기록할 수도 있고 종이에 수기로 기록할 수도 있다.
정말 중요한 것은 목록을 작성하고 사용하는 것이다.
'해야 할 일' 목록이 중요한 이유는 다음과 같다.

1. 당신의 뇌는 주어진 시간 내에 해야 할 일을 모두 기억할 수 없다. 목록을 만들면 중요한 일을 기억하는 데 도움이 된다.
2. 목록을 만드는 것은 우선순위를 정하는 것이다. 가장 중요한 일을 목록의 가장 윗부분에 적는다. 중요한 일을 빨간색 글씨나 큰 글씨로 적는다. 각각의 일에 시간을 배정하여, 그 일을 언제 할지 적는다. 이러한 과정은 할 일 묶기에도 도움이 된다.
3. 목록을 작성함으로써 스트레스를 줄일 수 있다. 불안감은 적은 시간 안에 너무 많은 일을 해야 하는 상황에서 일에 치이거나 통제력을 잃었다는 느낌을 받을 때 발생한다. 일을 구조화하고, 정확히 어떤 일을 해야 하는지 생각하고, 프로젝트를 세부적으로 나누는 과정을 통해 불안감은 줄어든다.
4. 목록은 선택의 문제이다. 각각의 날짜에 무엇을 할지 결정을 내리도록 스스로를 독려함으로써 바람직한 결정을 내릴 수 있다. 사후에 반응하기 보다는 사전에 대비할 수 있게 된다. 자신의 목표와 야망에 대해 다시 생각하게 된다. 목록을 만드는 것은 즐거운 과정이 될 수 있다. 어떤 면에서는 당신의 삶이 어떻게 펼쳐질지 작은 소설을 쓰는 작업이나 마찬가지이다.

☞ 매일의 '할 일' 목록을 작성하면 생산성을 높일 수 있다.

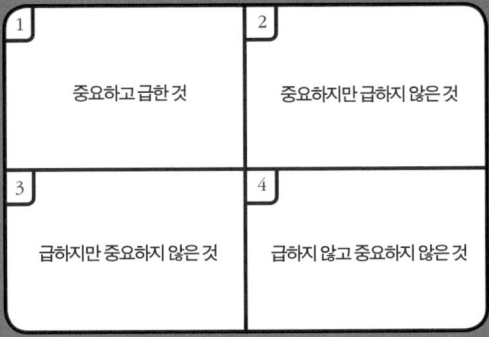

우선순위

우리 대부분은 제한적인 시간 내에 많은 일을 해내야 한다는 압박을 지속적으로 받는다.
그 결과, 우리는 늘 무엇을 언제 해야 하는지 결정 내려야만 한다. 우리가 내리는 결정은 모두 우선순위의 문제이다.
스티븐 코비(Stephen Covey)는 유명한 저서인 『성공하는 사람들의 7가지 습관(The 7 Habits of Highly Effective People)』에서 우선순위에 관한 유용한 조언을 남겼다. 급한 것과 중요한 것의 차이에 대한 명확한 구분이 바로 그것이다.

저자는 왼쪽의 표를 사용해서 핵심을 강조했다.
왼쪽의 표를 활용하여 해야 하는 일을 네 가지로 구분할 수 있다. 그러고 나서 어떤 일을 언제 할지 다음 단계(우선순위)를 결정할 수 있다.
문제는 어떤 사분면을 가장 먼저 공략해야 하는가이다. 그리고 그 다음 단계로 나아가면 된다.
저자는 물론 1번(중요하고 급한 일)에 속하는 일을 가장 먼저 해야 한다고 말한다. 그 다음은 무엇일까?
많은 사람들은 그 다음으로 3번을 택하지만, 잘못된 선택일 수 있다. 보다시피 그렇게 되면 급한 일이 중요한 일을 방해하게 되기 때문이다.
3번이 아니라 2번이 다음으로 와야 한다. 중요한 일이 언제나 급한 일보다 앞서야 한다.
할 일이 많을 경우, 무엇을 할 수 있는지 그리고 언제 할 수 있는지에 따라 결정을 내려야만 한다. 코비의 표는 급한 일과 중요한 일 사이의 긴장 관계를 나타낸다. 언제나 할 일 목록 중에서 당신의 이목을 끄는 일이 있는데, 이러한 것들은 특히 가장 성가시고 가장 부담스러운 일이다.
이런 일들이 '긴급해' 보일지 모르지만, 당신은 중요한 일을 먼저 끝내는 동안 급한 일이 기다리도록 놔두어야 한다.

☞ 중요한 일을 급한 일 때문에 간과해서는 안 된다.

시간약속 지키기는 다른 사람이 얼마나 늦을지 예측하는 기술이다.

시간약속 지키기

비즈니스 세계에서 시간은 돈이다.
다른 사람을 기다리게 만들었다면 그 사람의 돈을 쓰게 만든 것이나 다름없다. 그러면 당신은 좋은 평가를 받기 어렵다.
시간약속을 지키는 것은 어떤 사람들에게는 당연한 일이다. 어떤 사람들은 일정을 정확히 지키는 일을 어려워한다. 아래를 참고하라.

1. 손목시계를 차라.
2. 중요한 회의 참석을 위해 출발해야 하는 시각이 언제인지 알 수 있도록 휴대전화의 알람 기능을 활용하라.
3. 당신이 현재 있는 곳에서 가야 하는 곳까지 걸릴 시간을 더 많이 잡아라. 머피의 법칙을 기억하라.
4. 약속시간보다 일찍 도착할 것이 걱정되면 할 일을 가지고 가라. 그러면 일찍 도착해도 시간을 버릴 일이 없다.
5. 약속이나 회의 시간보다 10분 일찍 도착했다면(그러는 편이 좋다) 시간을 때워라. 당신이 회의 시작시간보다 10분 일찍 도착했음을 알리게 되면 타인의 일정에 방해가 될 수 있다.
6. 상대방이 당신을 기다리게 할지라도 기분이 상했음을 드러내지 마라. 굳이 그럴 필요가 없다.
7. 그 날의 일정이 있으면 가급적 지켜라. 회의가 지나치게 길어지면 그 날의 나머지 일정에도 차질이 생길 수 있다.
8. 회의나 일정을 서로 너무 가깝게 잡지 마라. 회의 도중에 다음 회의에 늦지 않기 위해 일어나야 한다면 그렇게 하라. 회의의 중요한 대목에 떠나는 것만 아니라면 대부분의 사람들은 이해해줄 것이며 당신이 일정을 지키려고 노력한다는 사실을 존중할 것이다.

☞ 남이 나를 기다리게 하는 것 보다 내가 남을 기다리는 편이 더 낫다.

생산성

『끝도 없는 일 깔끔하게 해치우기 (Getting Thins Done: The Art of Stress—Free Productivity)』의 저자 데이비드 알렌(David allen)은 생산성의 대가이다.

알렌은 최대의 생산성을 달성하기 위해 효율성을 높일 수 있는 시스템과 틀을 만들어야 한다고 말한다. 이런 시스템이 자리를 잡고 나면 반복적인 요구에 자동으로 대응할 수 있으므로 스트레스가 줄어든다. 그리고 스트레스가 줄면 효율성은 더 높아진다.

알렌이 제안한 내용은 다음과 같다.

1. 일하는 공간을 마음에 들고 머무르고 싶고 잘 정돈된 곳으로 만들어라. 일하는 데 필요한 모든 도구를 준비하라.
2. 온갖 서류를 정리할 수 있는 시스템을 마련하라.
3. 매일 사용하는 '할 일' 목록을 한 가지만 만들어라. 하루 종일 있던 일을 전부 기록하는 유형의 사람이라면 하루를 마무리하며 '할 일' 목록과 기록한 내용을 합쳐라.
4. 우편, 이메일, 문자, 전화 등 어떤 형태로든 커뮤니케이션이 일어난다면 가능한 즉시 조치를 취하라. 응답이 될 수도 있고 무시될 수도 있다. '받은 편지함'을 읽지 않은 편지로 채우지 마라. 다음 조치가 필요하다면 '할 일' 목록에 포함시켜라.
5. 2분 안에 해낼 수 있는 일은 '할 일' 목록에 넣어서는 안 된다. 그냥 그 즉시 해치워라.
6. '할 일' 목록의 일은 매우 구체적으로 기재해야 한다. 애매하거나 일반적인 목표를 목록에 적지 마라. 그런 것들은 미래 계획이나 새해 다짐 목록에 들어가야 한다. '할 일' 목록은 정확히 해야 할 일에 대한 묘사로 이루어져야 한다.
7. 시스템을 주기적으로 검토하라. 문제없이 작동하는가? 나의 생산성은 개선되었는가? 조정이 필요하지는 않은가?

"성공하는 사람들은 남들이 하지 않는 일을 즐기지 않는다.
성공하는 사람들은 그럼에도 불구하고 그저 한다."
—E. W. 그레이(E. W. Grey)

미루는 습관 고치기

대부분의 사람들은 미루는 습관, 즉 하기 싫거나 어려운 일의 시작을 미루고 싶은 마음과 싸우곤 한다.

마크 트웨인(Mark Twain)이 말했다시피 "오늘 해야 할 일을 내일로 미루지 마라." 말은 쉽다! 일은 미루면 미룰수록 더 심각해지기 때문에 특히 더 곤란하다. 일의 시작을 하루나 이틀 미루게 되면, 이틀이 나흘이 되고, 미처 깨닫기도 전에 정말 곤란한 상황에 놓이게 된다.

다음은 미루는 습관을 고치기 위한 몇 가지 제안사항이다.

1. '조금 더 있다가 해도 돼'라는 생각이 주는 느낌을 확인하라. 그 느낌이 바로 당신 머릿속에 있는 미루는 습관이다.
2. 그 느낌을 감지하기 시작하면 스스로와의 싸움을 시작하라. '미루면 결과가 어떻게 될까? 그래도 이 프로젝트를 주어진 시간 내에 잘 끝낼 수 있을까?' 어쩌면 아직 시작을 미뤄도 괜찮을지 모른다. 어쨌든 스스로에게 솔직해라.
3. 프로젝트에 대해 생각할 시간을 단 5분만 내라. 때로 큰 프로젝트는 규모를 생각하면 시작하기조차 두렵다. 그러면 전체 중에서 작은 부분, 5~10분 정도면 끝낼 수 있는 것부터 시작하라. 그러면 조금이나마 가속도가 붙는다. 일단 시작하고 나면 계속해서 하게 되는 경우도 있다. 어쩌면 해야 할 일에서 상당부분을 끝내게 될 수도 있다.
4. 스스로에게 보상하라. 새로운 일을 반드시, 피치 못하게 시작해야 한다는 사실을 깨달았다면 스스로와 거래하라. 일이 끝나고 나면 스스로에게 어떻게 보상을 해줄지 생각하라.

사람들이 일을 미루는 데는 여러 가지 이유가 있다. 어떻게 시작해야 할지 몰라서일 수도 있고, 일의 규모가 너무 커서일 수도 있으며, 무력감 때문일 수도 있다. 미루는 버릇이 습관이 되어버리면 심각한 상황에 빠질 수도 있다. 모든 일을 물론 한 번에 다 해내려고 하지 마라. 하지만 가장 중요한 프로젝트의 시작을 미루고 싶은 충동에 맞서 싸워라.

☞ 당신이 멈춰서 있는 동안, 당신의 목표는 멀어져 간다.

"일상적인 일들이 나를 지탱하고, 혼자만의 의식들이 나에게 자양분을 공급한다."

―트와일라 타프(Tuyla Tharp), 미국의 무용가이자 안무가

일상적인 일

힘든 하루를 보내고 나면, 사람들은 자신의 생각을 정리하기 위해 일상적인 일과의 힘을 빌리곤 한다. 운동이 될 수도 있고, 하루를 마무리하는 목욕이 될 수도 있다. 또 매주 있는 친구들과의 모임이나 독서 클럽, 또는 사업상 인맥 쌓기 모임이 될 수도 있다.

일상적인 일과를 통해 예측 가능성과 확실성을 느끼면 균형을 유지하게 되며 힘들거나 불확실한 일에 발을 들여놓는 데 도움이 된다.

스트레스와 불확실성이 지배하는 일을 하다 보면 세상이 당신 발밑에서 흔들리는 느낌을 받을 수도 있다. 통제력을 잃고 헤맨다는 느낌을 받을 수도 있다.

일상적인 일은 불확실성과 스트레스가 주는 느낌에 맞서는 방법이다.

매일 아침 8시의 운동처럼 변동 없는 일정을 잡아두면 당신의 일정에서 안정적인 느낌과 삶이 예측 가능하다는 편안한 느낌을 받을 수 있다. 일정하게 하는 일이라면 어떤 것이라도 이런 장점을 지닌다.

일상적인 일은 결국 습관이 된다. 습관은 제 2의 천성이 된 일과이다. 일상적인 일이 습관이 되면 기존의 장점을 유지하면서도 더 이상 일상적인 일을 의식적으로 계속해야 한다는 스트레스나 불안감을 주지 않는다.

긍정적인 일상이 습관이 되면, 인생은 조금 더 편안해진다.

아리스토텔레스가 말했다시피 "완벽이란 한 번의 행위가 아니라 일종의 습관이다." 힘들고 단조로운 일에서 시작된 일상적인 일은 즐거운 습관으로 탈바꿈한다.

☞ 동기부여는 당신을 시작하게 만든다.
습관은 당신이 그 일을 계속하게 만든다.

멀티태스킹

묶기(Batching)란 할 일 목록 중에서 동일한 시간 및 공간에서 해결 가능한 일들을 모으는 작업이다. 시간 관리를 잘 하는 사람들은 묶기를 잘한다.

묶기를 이해하는 가장 쉬운 방법은 지리적으로 생각하는 것이다. 할 일 목록에 열 가지가 있다고 가정하자. 이 중 다섯 가지는 자리를 이동해야만 처리할 수 있다. 어떤 일을 언제 처리할지 결정할 때, 각각의 일을 어디에서 해야 할지 머릿속으로 지도를 그려보게 된다. 그리고 본능적으로 동선, 걸리는 시간, 교통편 등을 고려하여 가능한 효율적으로 처리할 수 있는 전략을 짜게 된다. 이 모든 작업이 시간을 가장 효율적으로 쓰기 위한 것이다.

마찬가지로 할 일 목록에서 이동이 필요 없는 일을 하나로 묶을 수도 있다. 목록에 특정한 순서대로 처리하면 더 쉬운 일들이 있는가? 어떤 일 하나를 해치우면 다른 일을 할 필요가 없어질 가능성이 보이는가?

한 번에 여러 가지 일 하기(멀티태스킹, multi-tasking)는 묶기의 일종이다.

대다수의 사람들은 가능한 적은 시간 내에 많은 일을 해야 한다는 극한 상황에 밀어붙여지곤 하므로 두 가지 이상의 일을 한 번에 해내려는 경향을 보인다. 이것이 바로 멀티태스킹의 정의이다. 멀티태스킹의 문제는 집중과 주의이다. 어떤 프로젝트는 정확성을 기해야 하므로 진지한 집중을 요한다. 그런 일을 다른 것들과 함께 하려다 보면 집중력이 흐려진다. 그러면 그 결과는 보통 좋지 않다.

어떤 프로젝트는 주변의 방해 없이 주의를 기울일 필요가 있다. 보고서나 사업 기획서, 소설 등을 쓴다고 가정하자. 갑자기 휴대전화가 울린다. 그냥 울리게 두자. 하지만 대부분의 사람들은 휴대전화나 주의를 산만하게 하는 것들을 그냥 지나치지 못하고 결국 전화를 받거나 문자를 보낸다. 실수하는 것이다.

연구 결과에 따르면 생각의 고리가 끊어질 경우 방해받기 전에 원활하게 흐르던 창조적 에너지에 다시 불을 붙이기까지 10분 정도가 소요된다고 한다.

이에 대한 조언은 단순하다. 일하는 공간을 침범 당하게 두지 마라. 모든 전자기기 전원을 끄고 '방해하지 마시오.' 사인을 문에 걸어라. 세상은 잠자코 기다릴 것이다!

☞ 할 일 목록의 일을 한데 모아라.

"종종 생각이란 힘을 갖고 떠오르는 것처럼 느껴진다…
나는 이렇게 떠오르는 생각 중 어느 하나도 놓치지 않고 종이에 적어둔다.
그렇게 함으로써 나는 가장 좋은 생각을 기억해둘 수 있다.
그것은 가만히 앉아서 공들여 생각해내는 것보다 훨씬 명확한 직관적 해결책을 내놓기도 한다.
이러한 정신적 활동의 결과를 기록해 두는 것이 진정한 지적 자산이다."

—에이브러햄 링컨(Abraham Lincoln)

메모하기

정신은 잠든 순간에도 계속해서 깨어있다. 그 결과 당신의 머릿속에서는 생각이 쉴 새 없이 드나든다. 이들 중 몇몇 생각은 당신에게 매우 가치 있지만 그대로 놓쳐버린다면 잊어버리고 말 것이다.

생각이 난 즉시 메모하는 습관을 가지라고 강하게 추천한다. 그러려면 생각을 적어두기 위해 기록할 도구를 늘 가지고 다녀야 한다. 디지털 기기이든 펜과 종이이든 관계없다. 중요한 것은 이러한 생각들이 발생한 그 즉시 저장하는 능력이다.

메모하기의 요점은 기억력의 부담을 덜어주는 것이다.

일반적으로 우리의 기억력에는 한계가 있으며, 단기 기억력인 경우 더욱 그렇다. 기록을 하면 더 이상 기억력에 의존할 필요가 없기 때문이다. 기억력은 쉴 틈이 생긴다. 시간이 지나면 기록을 다시 읽어볼 수 있다.

창조적인 사람들은 보통 열심히 기록한다. 이런 사람들은 좋은 아이디어가 갑작스럽고 예측 불가능한 상황에 튀어나온다는 사실을 안다. 그래서 언제라도 생각을 잘 붙잡아둘 수 있도록 스스로를 단련한다.

지난 500년을 통틀어 가장 창조적인 천재라 할 수 있는 레오나르도 다빈치(Leonardo da Vinci)는 기록 광이었다. 그가 남긴 노트 중 7,000 페이지가 발견되었다. 학자들은 발견된 기록이 전체의 50퍼센트밖에 되지 않을 것이라고 말한다.

몇몇 발명가들은 잠에서 깨자마자 떠오른 생각을 적으려고 책상 가까이에서 잠을 잔다. 그들은 꿈을 꾸는 동안에 순간 좋은 아이디어가 떠오를 거라고 생각하므로, 펜과 종이를 찾는 데 일 분이라도 허비하고 싶어 하지 않는다.

이런 행동은 다소 지나쳐 보이기도 하지만 좋은 아이디어를 잃는 것에 대한 두려움은 이해한다. 그래서 생각이 떠오르면 즉시 기록할 것을 추천하는 것이다. 스스로에게 다음과 같은 질문을 던지지 않도록 말이다.

☞ 내가 무슨 생각을 하고 있었더라?

파레토 법칙

이탈리아의 경제학자인 빌프레도 파레토(Vilfredo Pareto, 1848~1923)는 어느 날 정원을 돌보던 중 생산성에 대한 이론에서 가장 중요한 법칙 중 하나를 발견했다.
파레토는 자신의 정원에서 80퍼센트의 채소가 오직 20퍼센트의 식물로부터 생산됨을 알아차렸다. 그래서 스스로에게 다음과 같이 질문했다.

'채소를 생산하는 식물을 가꾸는데 집중하고 나머지는 무시하는 게 어떨까?'

파레토는 생각을 실행에 옮겼고 그 결과 정원의 생산량은 눈에 띄게 증가했다.
80대 20 법칙으로 잘 알려진 파레토 법칙은 열심히 일하는 것이라기보다 능률적으로 일하는 것의 중요성을 일깨운다는 점에서 매우 의미있다. 파레토는 정원에서 기존과 같은 시간을 일하되 들이는 노력을 재분배했다.
80대 20의 법칙은 인생의 여러 가지 상황에 적용 가능하다.
일례로 영업 부문에서 80퍼센트의 매출은 20퍼센트의 고객으로부터 나온다.
투자 수익의 80퍼센트는 20퍼센트의 투자처로부터 나온다.
어떤 20이 80을 생산할지 미리 알아내기가 늘 쉬운 것은 아니다. 하지만 눈치를 챘다면 그 즉시 노력을 재조정할 필요가 있다.
80대 20의 법칙을 인생에 적용하는 방법은 다음과 같다.

1. 지금 당장 당신에게 중요한 목표를 확실히 하라.
2. 그 목표에 다가가기 위해 해야 하는 일을 다섯 가지 적어라.
3. 다섯 가지 중 어떤 것이 가장 큰 영향력을 발휘할지 분석하라.
4. 그 일에 집중하라―그것이 성공의 80퍼센트를 가져올 20퍼센트일 것이다.

80대 20 법칙은 정교한 법칙이 아니라 전략 또는 사고방식이다.
가만히 앉아서 삶이나 사업에 대해 생각해 보면 현재 하고 있는 일의 상당수가 '핵심'적인 일에 기여하지 못하고 있음을 알게 될 것이다. '가치가 있는' 일에 집중하기 위해 이러한 사소한 일은 제쳐둘 필요가 있다.

☞ 가장 높은 성과를 가져오는 일에 에너지를 집중할 방법을 생각하라.

five.

제5장. 영업과 설득의 기술

팔 수 있다면, 못 할 일이 없다. 모든 거래는 결국 판매와 설득으로 요약된다.
이번 장에서 이어지는 교훈들은 판매와 설득 기술의 연마에 대한 것이다.

"천릿길도 한걸음부터"

—노자

모멘텀

관성은 강력한 자연의 힘이다.
관성은 자연의 두 가지 원칙이다:
1. 몸을 움직이지 않으면 외부의 힘이 가해지기 전까지 움직이지 않는다.
2. 몸을 움직이면 외부의 힘이 가해지기 전까지 움직인다.

추진력(모멘텀, momentum)은 관성을 나에게 유리한 방향으로 활용하는 것이다.
추진력은 당신 앞에 높인 과제가 얼마나 어렵든지 간에 첫 발을 떼는 것이다. 어떤 사람들은 높은 산을 보고 발을 돌린다. 그들은 산꼭대기에 올라갈 방법은 생각하지 않고, 시작조차 하지 않는다. 이것은 관성이 작용하는 첫 번째 원칙의 예시이다.
첫 걸음을 떼는 일이 종종 매우 두렵다는 것은 사실이다.
내게서 멀리 떨어진 과제는 그다지 두렵지 않지만 바로 눈앞에 놓인 것은 두렵다. 하지만 여전히 첫 걸음을 떼야만 한다. 그렇지 않으면 당신이 부르짖던 '언젠가'는 결코 오지 않을 것이다. 그것은 게임을 시작하기도 전에 진다는 것을 의미한다.
관성과 추진력에 대한 좋은 소식은 당신이 첫 걸음을 뗄 에너지와 용기를 발휘하는 즉시 한 걸음이 두 걸음이 되고, 두 걸음이 네 걸음이 될 것이라는 사실이다. 다른 말로 하자면 일단 추진력을 발휘하게 되면 관성의 두 번째 법칙이 작용한다. 당신은 이제 몸을 움직였으므로 매일 움직임을 계속하여 앞으로 나아갈 것이다. 이제 바람은 당신의 뒤에서 불어올 것이다.
훌륭한 사업가들은 새로운 거래처나 고객의 문을 두드리기만 하면 추진력이 붙는다는 사실을 안다. 새로운 관계를 맺기 위한 첫 번째 장애물을 넘고 나면 방해가 되는 것은 사라지고 대화는 시작되며, 온갖 좋은 일들이 따라온다. 그래서 훌륭한 사업가들은 관성이 자신에게 유리하게 작용하도록 하기 위해 할 수 있는 모든 방법을 써서 '문 두드리기'에 집중한다.

☞ 계속 가라!

희소성의 법칙

인간 본성의 가장 강력한 법칙 중 하나는 사람들이 일반적으로 갖고 있지 않거나 가질 수 없는 것을 원한다는 사실이다. 이 법칙은 종종 희소성의 법칙이라 불린다.

원시인들이 동굴 생활을 하며 이곳저곳을 떠돌던 과거에는 먹거나 쉴 곳을 찾으면 그게 무엇이든 움켜쥐어야만 살아남을 수 있었다. 고심할 필요 없이, 배가 고플 때 먹잇감이 지나가면 달려들어 잡았던 것이다.

어떤 심리학자들은 그 이유로 '인간이 현재 가지고 있지 못한 (즉 아직 '입' 속에 넣지 못한) 것을 보면 갖고 싶어 안달이 난다.'고 이야기한다.

어린이들을 대상으로 한 재미있는 연구 결과가 이 가설을 뒷받침한다. 놀이방의 한 가운데를 작은 유리벽으로 나눈다. 장난감은 방의 양쪽에 모두 놓여 있다. 아이들이 방으로 들어오고 유리벽의 양 쪽 어느 곳에 있는 장난감이든 쉽게 손에 넣을 수 있다. 아이들은 양쪽 인형 중 어느 것에도 특별한 선호도를 보이지 않았다.

다시 아이들을 방 밖으로 내보내고 이번에는 훨씬 높은 유리벽을 설치한다. 아이들이 방으로 돌아왔을 때, 반대편에 있는 인형에는 다가가지 못한다. 그러자 아이들은 오직 반대편에 있는 인형만을 원하게 되었다!

마케팅에서는 희소성의 법칙이 잘 활용된다. 아래와 같은 글귀를 본 적이 있을 것이다.

한정 판매

재고 소진 시까지

선착순 100명 증정

오늘만 세일

☞ 희소성, 고급스러움, 시간제한이 있음을 고객에게 인지시킴으로써 판매나 설득 능력을 향상시킬 수 있다.

긍정을 이끌어내기

영업을 잘 하거나 남을 잘 설득하는 사람들은 다른 사람들과 유대관계를 맺기 위해 가벼운 내용의 대화를 시작하는 것이 중요하다는 사실을 잘 알고 있다.

훌륭한 영업 사원들은 진짜 설득이나 협상이 시작되기 전에 하는 시시콜콜한 이야기의 가치를 이해한다. 즉 상대방의 마음을 편안하게 만드는 것이 중요함을 아는 것이다.

대화를 시작하기 직전에 유대감을 쌓기 위한 방법 중 하나는 상대방이 거부하기 어려운 발언을 하는 것이다:

> "이건 저에게 중요한 만큼이나 고객님께도 중요한 내용입니다."
> "날씨가 참 좋네요… 얼른 마무리하고 밖으로 나가면 좋겠네요."
> "고객님께서 이 차를 마음에 들어 하시리라는 건 잘 압니다. 이제 고객님께 적당한 가격대만 찾으면 되겠군요."

당신이 판매하거나 설득하고자 하는 사람들이 동의한다면 작지만 추진력을 얻은 것이다. 시작에서부터 동의를 얻었다. 실로 작은 부분이긴 하지만 올바른 방향으로 나아가고 있는 것이다.

이제부터 과제는 그 사람들로부터 점차 높은 수준의 동의를 얻는 것이다. 하지만 지나치게 빠르거나 공격적으로 행동하지 않도록 주의를 기울여야 한다.

판매와 설득에는 속도가 있다. 너무 빠르게 움직이면 상대방은 물러설 것이다. 천천히 점진적으로 상대방을 손에 넣어야 하며, 사소하고 거부하기 어려운 동의로 시작한다면 성공을 위한 포석을 깔 수 있다.

☞ 상대방이 동의할 만한 이야기로 협상을 시작하라.

보고 듣는 방법 배우기

설득력 있고 좋은 영업사원이 되기 위한 첫 번째 규칙은 다음과 같다. 판매하고 설득하고자 하는 사람을 잘 보고 잘 듣도록 스스로를 단련하라.

안타깝게도 우리 사회는 말을 잘하는 훈련에는 익숙해도 잘 듣는 데는 익숙하지 않다. 말을 잘 들으면 상대방이 어떤 생각을 하는지 중요한 단서를 얻을 수 있으므로 안타까운 일이다. 일단 상대방이 어떤 생각을 하는지 알게 되면 설득할 기회는 더욱 많아진다.

따라서 설득력을 키우고 싶다면 상대방에게 온 정신을 집중하라.

무엇을 어떻게 말했는가? 어떤 것에 예민하게 반응하는가? 나의 상품이나 비전이나 생각이 상대방의 관심사와 연관이 있는가?

당신이 제안하고자 하는 내용을 상대방의 요구나 가치관에 맞게 수정할 수 있는가? 설득의 기술은 상대방이 원하는 것을 줄 방법을 찾는 것이다. 그러려면 당신의 제품이나 아이디어 근처에 머물기보다는 상대방의 신호를 보고 들어야 성공할 수 있다. 상대방의 생각에 대한 단서를 얻으면 그 사람의 머리와 가슴을 파고들 길을 찾게 된다.

때로 단서는 말에 담겨 있다. 듣는 힘을 기르면 얼마나 많은 사람들이 원하는 바를 실제로 말로 표현하는지 놀라게 될 것이다.

때로 힌트는 물리적으로 주어진다. 몸짓 언어의 전문가들은 상대방의 자세와 행동을 읽음으로써 마음을 읽을 수 있다고 말한다.

확실한 것은 사람들이 다양한 방식으로 의사소통 한다는 점이다. 상대방의 언어, 표현, 강조, 속도, 몸짓 등에 집중하면 그들이 생각하는 바를 상당히 많이 알게 될 것이다.

☞ 멈춰라! 보라! 들어라!

'숫자를 논하기 전에 객관적 기준부터 정하라.'

협상 전략

협상 전략의 전문가들은 상대방이 당신보다 먼저 입장을 취하도록 만들라고 말한다. 그 이유는 다음과 같다.

1. 상대방이 취하는 입장이 기대한 것보다 더 당신에게 호의적이라는 사실에 놀라게 될 것이다.
2. 상대방이 먼저 입장을 취하면, 당신은 말을 시작하기도 전에 상대방의 목적이 무엇인지 (돈이나 다른 어떤 것인지) 파악할 수 있게 된다. 그러면 그에 따라 발언 내용을 조정할 수 있다.
3. 상대방으로부터 제안을 받으면 절충안을 내놓음으로써 상황을 유리하게 끌어갈 수 있다. 예를 들어 당신이 콘도를 사고자 한다고 치자. 사고 싶은 콘도의 위치를 정하고 11만 달러를 지불할 마음을 먹는다. 판매자에게 만남을 청하고 상대방이 동의한다. 상대방에게 가격을 묻는다(먼저 말하도록 유도한다). 상대방이 "12만 달러"라고 말한다.

대부분의 사람들은 10만 달러를 제시하고 11만 달러에서 절충할 것이다.
하지만 영리한 사람이라면(그리고 상대방이 먼저 제시하게 유도한 사람이라면) 9만 5천 달러를 제시하고 10만 7천 5백 달러에서 절충할 것이다.
협상에 관한 중요한 사항이 한 가지 더 있다. 상대방이 이겼다고 느끼게 만들어라. 상대방을 다시는 볼 일이 없으리라고 생각되더라도 상대가 결과에 만족스럽다는 느낌을 받게 만들 필요가 있다. 그렇게 함으로써 상대방과의 관계를 지속할 수 있다. 따라서 기대보다 훨씬 더 좋은 결과를 얻게 되더라도 기쁜 티를 내거나 흡족해 하지 마라, 상대방에게 축하 인사를 건네며 함께 일할 기회가 또 있었으면 좋겠다고 말하라.

☞ 협상할 때, 언제나 상대방이 먼저 말하게 만들어라.

"단 하나의 생각만 하는 것은 위험하다."
— 에밀 샤르티에(Emile Chartier), 철학자

아이디어가 필요할 때

우리는 학교에서 언제나 답이 한 가지라고 배웠다. 그 가르침은 수학처럼 정확한 법칙을 다룰 때에는 옳다. 하지만 그런 식의 생각은 제한적이다.
창의력 고수들이 제안하는 바는 사람들이 머릿속에 떠오른 첫 번째 해답이나 아이디어 이상을 생각해야 한다는 것이다. 고수들은 다양한 생각을 장려한다. 이들은 생각이 자유롭게 돌아다닐수록 새롭고 재미있는 아이디어들이 떠오른다고 믿는다.

"좋은 아이디어를 생각해내려면 많은 아이디어를 생각해내야 한다."

창조성을 연구하는 사람들은 수직적 사고와 수평적 사고에 대해 논한다.
수직적 사고란 논리적인 사고로, A에서 B, B에서 C, 그리고 C에서 D로 이어지는 일반적인 과정이다. 수직적 사고를 통해 매우 논리적으로 한보 진전하게 된다.
수평적 사고란 반면에 팔짝팔짝 뛰는 것이다. A, B, C, D로 순서대로 나아가는 대신, A에서 C로 갔다가 다시 B로 돌아오는 방식이다. 수평적 사고는 '진실'(단 하나의 옳은 답)에 대한 도전이다. 수평적 사고는 종잡을 수 없고 때로는 우스꽝스럽기까지 하다.
생각을 놓아버림으로써 자유롭게 돌아다니도록 두는 과정이 해방감과 영감을 줄 수 있다. 수평적 사고는 훌륭한 발견의 단초가 될 수 있다.
유명한 탐험가는 다음과 같이 말했다.

"밟고 있는 땅을 포기하기 전까지는 새로운 세상을 발견할 수 없다."

창조의 과정은 신비하다.
우리는 얼마나 훌륭한 아이디어가 떠오를지 예측할 수 없다. 종종 혁신이란 전통적인 사고방식을 깨뜨림으로써 가능하다.

☞ 많은 생각을 떠올리는 것부터 시작하라.
얼마나 어리석은 생각이 떠오르든 상관없다.

후광 효과

전략적으로 사용하기만 한다면 유명인사의 이름을 흘림으로써 사람들 앞에서 당신의 위상을 높일 수 있다.

연구 결과에 따르면 대부분의 사람들은 권위 있거나 유명한 사람들을 보고 영향을 받는다. 그런 사람들이 우리와 다르다고 보기 때문이다. 이 사실을 증명하는 연구 결과가 하나 있다.

호주에서 진행된 한 실험에서, 키가 177.8 센티미터인 한 남자가 진행자와 함께 한 대학교의 다섯 개 강의실을 방문했다. 실험 진행자들은 한 교실에서는 그 남자가 새로 온 학생이라고 소개했다. 다음 교실에서는 그 남자가 조교라고 소개했다. 세 번째 강의실에서는 행정직원, 네 번째 강의실에서는 교수, 다섯 번째 강의실에서는 유명한 교수라고 소개했다.

다음 날 그 다섯 개의 교실에 찾아가서 이번에는 남자를 보여주지 않고 학생들에게 남자의 키를 추측해 보라고 했다. 첫 번째, 두 번째, 세 번째 교실의 학생들은 키를 꽤 정확히 맞췄다. 하지만 네 번째와 다섯 번째 교실에서 학생들이 추측한 키의 평균은 각각 182.8 센티미터, 185.3 센티미터였다.

물론 그 남자의 키는 어느 교실에서나 같았다. 하지만 학생들은 그 남자에 대해 주어진 묘사에 따라 그를 다르게 보았다. 유명한 교수라는 타이틀을 달고 있을 때 남자는 학생들에게 더 큰사람으로 보인 것이다.

유명한 사람의 이름을 팔 때 해야 할 일은 유명하거나 힘 있는 누군가와의 친분 때문에 당신 스스로의 중요도가 올라가도록 하는 것이다. 유명한 사람이 나와 관계가 있다는 이유로 상대방이 당신을 더 큰사람으로 보게끔 만들어야 한다.

이름 팔기는 사업에서 수시로 일어나는 일이다. 예를 들어 법률 사무소에서 홍보 수단으로 유명한 사업가들로 이루어져 있는 고객 명단을 작성하는 것도 그렇다. 성형외과 전문의들과 개인 트레이너들도 할리우드 유명인사 중 몇 명은 자신의 작품이라는 사실을 슬쩍 흘리곤 한다. 이름 팔기에는 부작용이 있을 수 있다. 너무 속보이는 방식으로 시도하면 사람들이 싫어할 수 있다. 목표는 유명하고 존경받는 사람과 당신 사이의 친밀도나 관계를 미묘하게 티냄으로써 스스로를 홍보하는 것이다.

☞ 잘 알려진 이름을 빌려서 스스로의 이미지를 좋게 하라.

손안의 새 한 마리가 덤불 속의 두 마리 새보다 낫다.

BATNA

BATNA, 즉 Best Alternative to a Negotiated Agreement의 앞 글자를 딴 이 단어는 협상안에 대한 최상의 대안이라는 뜻이다.

BATNA는 상대방으로부터 받은 제안이 있다면 그 수, 질, 확실성에 따라 협상 전략을 조정해야 한다는 생각이다. 다시 말하자면 당신이 협상에 임하는 자세와 접근방법은 다음의 질문에 어떻게 답변하느냐에 따라 달라져야 한다.

'협상이 결렬되면 어떻게 해야 하는가?'

사람들은 종종 너무 많은 것을 가정하거나 구두로 한 약속에 의존하기 때문에 협상에서 실수를 저지른다.

예를 들어 당신이 개인에게 중고차를 넘기기 위해 협상하고 있다고 하자. 상대방은 당신에게 4,800달러를 제시하지만, 당신은 중고차 딜러로부터 5,000달러는 받을 수 있다고 생각하여 제안을 거절한다. 그래서 중고차 거래소에 찾아가 5,000달러에 차를 팔 생각이 있다고 하지만, 맙소사, 이제 4,500달러밖에 받지 못하게 되었다. 당신의 제안은 거절당한다. 당신은 먼저 만났던 사람을 급히 찾아가지만 이미 다른 차를 사고 난 후이다. 이런 실수는 사람들이 사업이나 인생에서 흔히 저지르곤 한다. 사람들은 자기에게 들어온 제안이나 대안이 변치 않으리라 가정하지만, 생각과는 다르다. 협상을 잘 하는 사람은 아무 것도 가정하지 않는다. 그들은 제안/약속한 내용을 기록으로 남기고, 그 제안에 답변을 하기 전에 다른 사람들과 협상에 들어간다. '제안 쇼핑하기'라고 부를 수 있다. 그런데, 도덕적으로도 괜찮을까?

제안을 받은 사람이 "이 문제에 대해 조금 더 고민할 시간이 필요하네요, 다른 조건은 알아보지 않을게요."와 같은 약속을 하지 않는 한 괜찮다고 본다. 그런 약속을 하지 않았다면 제안 자체를 의무라고 보기는 어렵다. 사실 당신의 제안을 상대방이 재는 것을 피하고 싶다면 다음과 같이 조건을 달 필요가 있다.

"제가 드린 제안은 한 시간 동안만 유효합니다."

☞ 협상이 결렬되면 어떻게 해야 할 지 언제나 생각해야 한다.

사람을 궁지로 몰지 마라

사람들은 힘으로 제압하는 것에 호의적이지 않다. 사람을 궁지로 몰아넣어 원하는 대답을 얻겠다는 생각은 보통 일을 그르친다.
대신 누군가로부터 무엇을 얻고자 한다면 품위 있게 빠져나갈 탈출구를 마련해 주어야만 한다.
예를 들어 당신이 사업상 소개를 부탁할 경우 다음과 같이 요청하게 될 것이다.

> "혹시 불편하시다면 전혀 신경 쓰실 필요 없습니다만, XX씨를 소개해주실 수 있으신지 궁금합니다."

"혹시 불편하시다면 전혀 신경 쓰실 필요 없습니다만"이라는 표현은 여러 가지 기능을 한다.

1. 당신의 요청을 받은 사람이 실제로 소개해주기 불편한 상황이라면, 상대방에게 쉽게 빠져나갈 방법을 준 것이다. 상대방은 "죄송하지만, 지금으로서는 조금 어려울 것 같네요."라고 죄책감 없이 대답할 수 있다. 그 결과 상대방과의 관계를 유지할 수 있으며 상대방이 이용당하고 있다는 느낌을 받지 않게 된다.
2. 당신의 요청으로부터 빠져나갈 출구를 만들어 줌으로써 상대방이 받을 스트레스를 줄일 수 있다. 압박을 느끼거나 방어적인 태도를 취하는 대신 상대방은 당신의 요청에 대해 고민해 볼 여지를 갖는다. 이런 상황에서 상대방은 당신을 도울 방법을 생각해볼 수 있지만, 밀어붙일 경우에는 그렇지 않을 것이다.
3. 때로 사람들은 당신의 요청이 '그다지 어렵지 않은 일'이라고 받아들일 수도 있다. 하지만 당신은 그 사실을 알 리 없으므로, 정중하게 요청하면 주제넘은 사람이라는 인상을 주지 않을 수 있다.

상대방을 너무 심하게 압박하면 당신을 도와주긴 하나 최선을 다하지는 않을 것이다. 때로 이런 식의 '도움'은 아예 받지 않는 것보다 못하다. 받을 가치가 있는 도움은 상대방이 당신을 돕고 싶어 할 때 나온다.

☞ 품위 있게 빠져나갈 탈출구를 마련해 주어라.

질문 다시하기

문제가 생겼을 때 해결책을 찾는 방법은 정확히 무엇을 얻고자 하는지 재정의 하는 것이다. 다음의 건물 주인과 설계자 사이 일화에 잘 드러나 있다.

건물 주인이 엘리베이터에 문제가 생겼음을 알았다. 건물은 낡고 엘리베이터는 작고 느렸다. 건물 위층에서 근무하는 사람들은 엘리베이터를 너무 오래 기다려야 한다고 불평했다. 그래서 건물주는 문제를 해결하기 위해 설계자를 고용했다.

> "건물에 엘리베이터 수를 늘리거나, 지금 있는 엘리베이터의 속도를 빠르게 해주었으면 합니다." 건물주가 말했다
> "제가 건물을 둘러보니 그건 불가능하겠네요. 하지만 질문 자체에 문제가 있는지도 모르겠습니다." 설계자가 말했다.
> "무슨 뜻인가요?"
> "엘리베이터를 고치려고 할 게 아니라, 불만 많은 직원들을 즐겁게 만들어줄 방법을 찾는 게 어떨까요."

다음 날 설계자의 조언에 따라 건물주는 엘리베이터 벽면에 거울을 설치했다. 이제 사람들은 엘리베이터를 기다리며 넥타이를 고쳐 매고, 머리를 빗거나 거울에 비친 자기 모습을 확인할 수 있었다. 엘리베이터를 기다려야 하는 것은 마찬가지였지만, 전보다 불평이 덜했다.

천연두 백신을 발견한 에드워드 제너(Edward Jenner) 박사는 사람들이 왜 천연두에 걸리느냐가 아니라 왜 어떤 사람들은 천연두에 걸리지 않느냐 라는 질문을 던지기 시작했다. 질문을 재구성함으로써 제너 박사는 낙농장에서 일하는 사람들이 경증 천연두(우두)에 노출되어 천연두로부터 면역이 생겼음을 발견했다.

마찬가지로 레오나르도 다빈치는 사람들이 어떻게 하면 물 가까이에 살 수 있는가가 아니라 어떻게 하면 물을 사람들에게 끌어올 수 있는가 라는 질문을 통해 현대적인 배관 시스템을 고안해냈다. 때로 문제에 대한 답은 무엇을 얻고자 하는지 재정의 하는데서 나온다.

☞ 해결하고자 하는 문제가 정확히 무엇인지 스스로에게 물어라.

백합에 금 입히기

'백합에 금 입히기'란 지나친 나머지 좋은 상황을 망치는 것을 의미한다.

'금을 입힌다.'는 의미는 얇은 금박으로 덮는다는 뜻이다. 하지만 백합처럼 아름다운 꽃에 뭐 하러 금을 입히겠는가? 백합은 이미 그 자체로 아름답다. 금을 입히는 것은 백합을 죽이는 일이다.

백합에 금을 입히지 않기 위해 조심하는 것은 인생의 중요한 교훈이며 특히 세일즈 프레젠테이션 등에서 다른 사람을 설득해야 할 때 명심해야 할 것이다.

남을 설득해야 하는 상황에서 너무 많은 사람들이 순간의 열기 때문에 중심을 잃는다. 자기 자신의 프레젠테이션이 갖는 논리성에 빠져든다. 그래서 쉴 새 없이 말을 내뱉는다. 어쩌고저쩌고 그리고 종종 지나치게 오버하여 판매나 성공적인 설득으로 이어질 수 있었던 상황을 망치고 만다. 중요한 충고의 한마디를 하겠다.

"고장 나지 않은 것을 고치려 들지 마라."

MED, 최소 유효량(Minimum Effective Dose)이라는 과학 용어가 있다. 이 단어는 특정 결과를 얻기 위해 최소한도로 필요한 양을 뜻한다. 그 이상으로 투입한다고 해도 효과는 없다. 예를 들어 러닝머신에서 가볍게 뛰는 20분이 당신이 원하는 운동량에 대한 최소 유효량이라고 치자. 22분을 뛰는 것은 별 의미가 없다. 추가의 2분은 낭비되었을 뿐만 아니라 나아가 부상을 유발할 수도 있다.

백합에 금 입히기도 마찬가지이다. 남을 설득해야 하는 자리에서 더 이상 얻을 것이 없음을 느끼는 지점이 있다. 당신의 연설이 최고점을 찍고 상대방과의 유대관계까지 구축했다면 바로 그 지점에 도달한 것이다. 그 이상의 노력은 생산적이지 못할뿐더러 일을 그르칠 수도 있다.

이미 훌륭한 프레젠테이션에 '금을 입히는' 단계에 들어간다 싶으면, 멈춰라.

☞ 다 된 밥에 코를 빠뜨리지 않도록 조심하라.

"성공은 준비와 기회가 만날 때 생긴다."
— 바비 언서(Bobby Unser) 카 레이서, 인디애나폴리스 500마일 레이스 3회 우승자

설득을 준비하라

설득의 기술을 개선하고 싶다면 준비하는 방법을 배워야만 한다.
성공적인 설득의 99퍼센트는 효과적으로 설계하고 미리 상상한 프레젠테이션 덕분에 가능하다. 준비란 이럴 때 필요한 것이다.
설득력을 최대치로 높이기 위해 정확히 어떤 말을 할지 고심해야만 한다. 그리고 어떻게 응답할지도 생각해야 한다. 당신의 프레젠테이션이 현실적으로 어떤 결과를 가져올지 숙고해야 하며 언제 멈춰야 할지 알아야 한다.
준비를 통해 설득력을 높일 수 있는 이유는 다음과 같다.

1. 할 말을 고심함으로써 프레젠테이션의 논리와 감정적 호소 장치를 점차 강화시킬 수 있다. 다른 접근방법을 고민하다 보면 무엇을 덧붙이고 뺄지 알 수 있다. 어느 부분에서 강조할지 수정하게 된다. 준비 단계에서 내용을 읽고 또 읽어 봄으로써 보다 정교하고 효과적인 프레젠테이션을 할 수 있다.
2. 준비 단계를 통해(소리 내어 하는 예행연습을 포함하여) 프레젠테이션이 좀 더 자연스러워진다. 프레젠테이션을 편안하고 유창하게 하면 주장에 자신감이 있고 스스로 편안하게 느끼고 있음을 드러낼 수 있다. 그 결과 청중들 역시 듣기에 더 편안함을 느낀다.
3. 준비를 하면 상대방의 걱정에 대응할 여유가 생긴다. 설득하고자 하는 사람이 한 걸음 물러나면 질문에 답할 준비를 해야 한다. 머뭇거리는 태도를 보이면 스스로에 대해 확신이 없는 듯해 보인다.
4. 준비하는 단계에서 프레젠테이션을 망칠 위험을 미리 줄일 수 있다. 성공할 수도 있었던 프레젠테이션 중 다수는 연사가 말하는 도중 헤매거나 쓸데없는 소리를 하기 때문에 실패한다. 계획을 세우는 단계에서 미리 말을 멈추고 결정을 내려달라고 요청할 지점을 확실히 해야 한다.

준비하지 않으면 설득할 기회를 놓치게 된다. 즉흥적으로 말하면 원하는 것을 얻기 위해 행운이 따라야 한다. 하지만 준비하면 당신에게 유리한 방향으로 가능성이 기운다.

☞ 단 10분의 준비가 성공적인 설득과 잃어버린 기회를 결정지을 것이다.

"모든 세일즈에는 다섯 가지 기본 장애물이 있다.
필요 없음, 돈 없음, 급하지 않음, 살 생각 없음, 신뢰 없음."
— 지그 지글러(Zig Ziglar), 『클로징(Secrets of Closing the Sale)』의 저자

사람들은 왜 구매하는가

타인을 설득하는 능력이 있는 사람들은 사람들이 스스로의 관심사에 의존하여 결정을 내린다는 사실을 안다. '에스키모에게 얼음을 팔 만큼' 뛰어난 영업사원이라는 표현은 말이 되지 않는다. 에스키모가 얼음을 필요로 하기 전까지는 말이다.

훌륭한 영업사원들은 누군가에게 제품, 제안, 아이디어를 팔 때 상대방이 실제로 얻게 되는 이득이 무엇인지 보여준다. 그것이 바로 영업 전략의 기본이다.

1. 모든 세일즈에는 속도가 있다. 인내심을 가져라. 바이어를 설득하기 전까지 여러 단계를 거치게 될 것이다. 너무 빠르게 움직이면 고객의 신뢰를 잃게 될 수 있다.
2. 고객이 중요시하는 것이 무엇인지 생각해보라. 나이, 성별, 연령층, 배경 등이 모든 것이 구매하는 이유에 중요한 영향을 미친다.
3. 사람들은 늘 논리적으로 구매하지는 않는다. 수백 개의 연구 결과를 통해 감정이 구매 결정의 중요한 요소라는 사실이 밝혀졌다. 고객의 어떤 감정을 건드려야 하는가?
4. 사람들은 과거부터 유지하고 있는 위치를 그대로 고수하고 싶어 한다. 특정 라이프스타일(가격 중시 등), 외양(섹시함 등), 특징(안전, 내구성 등) 등에 대한 자신의 선호를 밝히는 사람은 당신에게 돌파구를 알려주는 셈이다. 쓸데없이 시간 낭비하지 말고 당신의 제안을 받아들이는 것이 자기 자신의 현재 모습을 유지하는 방법이라는 사실을 알려라.
5. 사람들은 영업사원을 신뢰할 때 구매하는 경향이 있다. 가능하면 만족도가 높은 고객의 이름을 빌려라. 상대가 편하게 느낄 수 있도록 가능한 모든 방법을 동원하라.
6. "아니요"라는 대답을 받아들이는 데 익숙해져라. "아니요"라는 대답을 제압하려는 생각은 관계를 망치는 지름길이다. 이해하고 있음을 알려라. 그리고 가능하다면 새로운 아이디어와 제품을 들고 다시 찾아가라.
7. 가급적 견본을 제시하라. 독창적인 것을 제안하려면 고객이 그것을 맛볼 수 있게 하라.
8. 질문하는 것을 잊지 마라. 세일즈 전문가들은 많은 사람들이 거의 목표지점에 도달하고서도 여러 가지 이유로 구매를 권하지 못한다고 말한다. 한 가지 이유는 거절당할까봐 두려워서이다. 세일즈에 몸담겠다고 결정했다면 가급적 빨리 극복해야 할 자세이다.

☞ 세일즈 능력은 스포츠 기술과 같다. 열심히 연습하라. 시간이 지나면 더 나아질 것이다.

six.

제6장. 자기계발

이 책의 모든 주제는 개인의 역량 강화에 관한 것이다.

이어지는 교훈들은 자신의 인생을 효과적으로 발전시킬 수 있는 사람이 되도록 도와줄 것이다.

"하거나 하지 마라. 시도라는 것은 없다."

변명

변명은 소비자, 고용주, 대출기관, 투자자들을 피곤하게 만든다.

"빨리 오려고 했는데…"
"제 잘못이 아니라…"
"어쩔 수 없는 사정 때문에…"

여기서 질문을 하나 하겠다.
X라는 일을 시키기 위해 고용된 사람이 X를 하지 않으면, 고용주는 그 사람이 일을 하지 않은 이유가 무엇인지 관심이 있을까?
30일 이내에 갚는 조건으로 돈을 빌려줬는데 받지 못했다면, 돈을 빌린 사람이 그 이유를 아무리 설명을 한들 귀에 들어올까?
차를 태워 주기로 한 사람이 나타나지 않았다면, 과연 당신은 그 사람의 개인적인 사정이 듣고 싶을까?
물론 인생에서는 예측 불가능한 상황으로 인해 어쩔 수 없을 때가 있다. 심지어 법 조항에 있는 '불가항력(force majeure)'은 계약 의무 불이행에 대한 사유가 될 수 있다. '불가항력'은 누구도 예측할 수 없었던 큰 사건의 발생을 의미한다(예: 지진).
여기서 말하고자 하는 핵심은, 어떤 일을 하기로 약속했으면, 그 약속이 자기 자신에게 한 약속이든 타인에게 한 약속이든 변명을 만들지 말라는 것이다. 다시 말해, 하기로 했으면 하라. 그것뿐이다. 더 이상 아무것도 없다.
누구나 약속을 이행하지 않았을 때 변명을 찾기는 쉽다. 하지만 현실은 아무도 변명에 관심이 없다. 약속을 한 상대방의 관심은 약속을 이행했느냐 하지 않았느냐 뿐이다.
직장에서 인정받고 싶은가? 그렇다면 절대 변명을 하지 않는 사람이라는 평판을 얻도록 노력하라. 놀랄 만큼 많은 고객, 소비자, 대출업자, 투자자들이 모이게 될 것이다.

☞ 절대 하지 말아야 할 말은 "하려고 했는데…"이다.

"비관주의자는 기회 속에서도 어려움만 보이고,
낙관주의자는 어려움 속에서도 기회를 찾는다."
— 윈스턴 처칠(Winston Churchill), 2차 세계 대전때 영국 총리 역임

긍정적 사고의 힘

인간이 알아야 할 가장 중요한 힘은 '할 수 있다'는 자세를 의미하는 낙관주의의 힘이다. 이것은 긍정적 사고의 힘이라고도 불린다.

'긍정적 사고의 힘'이라는 문구는 1952년 노먼 빈센트 필 박사가 쓴 책의 제목으로 쓰이면서 굉장한 인기를 얻었고, 이 책은 베스트셀러가 됐다.

긍정적 사고의 힘이란 무엇일까? 헨리 포드(Henry Ford)는 다음과 같이 아주 적절하게 표현했다.

"세상에는 두 종류의 사람이 있다. 자신이 할 수 있다고 생각하는 사람과 할 수 없다고 생각하는 사람이다. 그 두 부류모두 옳다."

긍정적 사고의 힘은 태도에서 기인한다. 그 태도란, 포기하지 않으려는 의지와 강력한 낙관주의, 그리고 맡은 일을 해낼 수 있다는 자신의 능력에 대한 믿음을 갖는 것이다. 이런 믿음은 고난과 역경에 맞서 계속 일을 해 나갈 수 있는 힘과 용기를 준다.

긍정적 사고는 자기 충족적 예언(믿음이나 기대를 가지면 결국 그대로 실현됨을 의미) 역할을 한다. 할 수 있다고 생각하면 이미 절반은 이룬 것이라는 의미이다.

다행스럽게도, 살면서 누구나 긍정적 사고방식을 만들어 갈 수 있다.

노련함과 우수한 실력은 노력, 연습과 끈기에서 오는 것이다. 어려운 과제는 수행 가능한 작은 단계로 나누어 실행하면 능력을 향상시킬 수 있고, 동시에 자신감과 긍정적 사고까지 키울 수 있다.

긍정적 사고의 힘이란, '할 수 있다'는 마음가짐과 철저한 직업윤리 의식을 갖고 사는 사람이라면 목표한 일을 성취할 수 있는 방법을 결국 찾게 된다는 명제를 함축한 말이다.

> "인생은 모든 것을 바친 사람을 배신하지 않는다."
> — 노먼 빈센트 필(Norman Vincent Peale) 박사

☞ 낙관주의와 긍정적 사고는 후천적 성향이다.
작은 도전에서부터 시작해서 자신감을 키워나가라.

"끈기를 대신할 수 있는 것은 아무것도 없다. 재능도 대신하지 못한다.
재능이 있어도 성공하지 못한 사람만큼 흔한 것도 없다. 천재성도 대신하지 못한다.
천재성이 무용지물임은 잘 알려져 있다. 교육도 대신하지 못한다.
이 세상은 교육받은 낙오자들로 넘쳐난다. 끈기와 투지만이 모든 것을 가능하게 한다.
'강행하라'는 슬로건은 인류의 문제를 해결해왔고 앞으로도 해결할 것이다."

— 캘빈 쿨리지(Calvin Coolidge), 제30대 미국대통령

투지와 끈기

100만 명 중 한 명을 제외한 나머지는 현재 위치에서 원하는 자리까지 올라가는 과정에 수많은 어려움을 겪게 된다. 그 어려움에 대처하는 자세가 성공과 실패를 좌우한다.

― 톰 모리스(Tom Morris)의, 『진정한 성공(True Success)』 중에서

끈기는 포기를 거부하는 것이고, 꿈에 대한 확실한 비전을 절대 놓치지 않는 것이며, 간절함과 투지를 갖는 것이다.
끈기가 성공을 좌우하는 이유는 다음과 같다.

1. 자신이 하는 일은 무슨 일이든지 시간이 지나면 더 능숙해지게 마련이다.
2. 사람들은 자신의 꿈을 포기하지 않는 이들을 존경한다. 자신이 존경하는 사람에게 어떤 식으로든 경의를 표한다.
3. 모든 사람은 인생에 몇 번의 기회가 찾아온다. 목표를 향해서 끈기 있게 노력하는 사람은 기회가 왔을 때 그 기회를 잡을 수 있을 것이다.
4. 경쟁에서 그 과정이 힘들어지면 많은 이들이 포기하는 것을 볼 수 있다. 그러므로 경쟁에 남아있기만 해도 경쟁자는 시간이 갈수록 점점 줄어들 것이다.
5. 시간이 지나면 상황은 변한다. 관통할 수 없던 철벽에도 세월이 지나면 금이 생긴다. 경쟁에 남아 있는 이들에게 언젠가는 철벽을 관통할 수 있는 길이 열리게 되어 있다.

☞ 성공은 열정을 잃지 않고 실패를 거듭하는 능력이다.

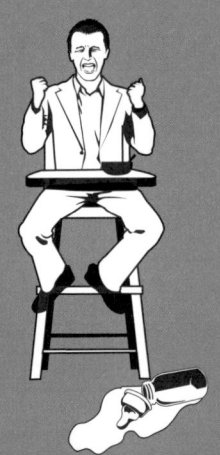

"이미 엎질러진 물이다."

인생은 공평하지 않다

인생은 공평하지 않다. 남들보다 더 쉽게 성공하는 사람이 있기 마련이다.
이런 사고방식을 받아들이고 나면 인생이 좀 더 순탄해 질 것이다.
연구 결과에 따르면, 성공한 사람들은 불행을 잘 넘기는 능력이 있다고 한다. 그들은 '그렇지 않았더라면'하고 후회하는 데 시간을 낭비하지 않는다.
'왜 하필 나일까?'하고 의문을 갖지도 않는다.
그 대신 '타격이 크지만 이제 어쩔 수 없다. 가능한 한 빨리 앞으로 나아가려면 어떻게 해야 할까?'하고 생각한다.

> "내가 어떻게 이 세상에 왔을까? 왜 나에게 물어보지도 않고, 규칙이나 규정에 대한 정보도 없이 나는 그저 이 사회로 떠밀려 왔을까?…나는 어떻게 현실이라 불리는 이 거대한 회사에 들어왔을까? 왜 들어왔을까? 선택할 수 없었던 문제인가? 만약 내가 강제로 들어왔다면, 책임자는 어디 있나? 책임자는 없는가? 그렇다면 누구에게 불만을 얘기해야 하는가?"

키에르케고르에게 다음과 같은 해답을 줄 수 있을 것이다.

> "그만 징징대세요. 여기는 불만 접수처가 아닙니다. 넘어가세요. 해야 할 일이 많다고요!"
> ─ 철학자, 쇠렌 키에르케고르(Soren Kierkegaard), 1813~1855, 저서의 인용문

☞ 현실을 받아들이고 넘어가라.

의지력을 강화하기 위한 전략

의지력은 해야 할 일을 하거나 하지 말아야 할 일을 하지 않게 하는 능력이다. 의지력은 타고나는 것이 아니라 살면서 향상시킬 수 있는 것이다.

1. 실천하고자 하는 행동 혹은 버리고 싶은 행동을 최종 목표와 연결시켜라. 헬스클럽에 가는 것이 실천하고자 하는 행동이라면, 마음속으로 헬스클럽과 최종적으로 바라는 몸매의 모습을 연결하는 것이다.
2. 온도를 재라. 아니, 온도계로 재라는 말이 아니다. 의지력이 필요한 일을 하는 데 느끼는 자신의 감정의 온도를 재라는 의미이다. 의지력은 반대로 엇나가려는 욕구를 참아내는 행동이다. 이것은 분명 어려운 일이다. 목표를 성취하고자 하는 강력한 의지가 없다면 왜 굳이 노력하는가? 차라리 다음에 다시 시도하라.
3. 무리하지 마라. 연구 결과에 의하면 의지력은 근육과 같다. 근육처럼 자기통제 능력도 지칠 때가 있다. 자기 통제가 많이 필요한 어려운 과제를 막 끝냈다면, 무리하게 식이요법이나 새로운 운동 다이어트를 바로 시작하지 마라.
4. 자신과 계약을 맺어라. 연구 결과에 따르면, 실제로 자기 자신과 무엇을 며칠 동안 하겠다는 계약서를 쓰면, 실행 성공할 가능성이 크다고 한다.
5. 어려운 과제에 맞서는 가장 좋은 방법은 점진적으로 실행하는 것이다. 나쁜 습관을 바꿔야 한다면 하루아침에 끊는 것은 매우 어렵다. 대신 심리학자들은 서서히 점진적으로 바꾸는 방법을 강력하게 추천한다. 예를 들어, 하루에 도넛을 한 개 먹는 사람이 있다. 이 사람은 도넛을 먹는 습관을 버리고 싶다. 하지만 하루아침에 도넛을 먹지 않는 것이 아니라, 조금씩 줄여나가야 한다. 일주일 동안은 하루에 도넛의 3/4을 먹고, 다음 주는 하루에 반 개를 먹는다. 그 다음 주는 이틀에 한 번 꼴로 도넛 반 개를 먹는 것이다.

이와 같이 나쁜 습관을 버리는 과정은 반대의 경우, 즉 좋은 습관을 키우는 데에도 사용할 수 있다. 좋은 습관을 만들고 싶다면 갑자기 시작하는 것은 좋지 않다. 긍정적인 습관을 발전시키는 장기 목표를 유지하면서, 그 목표를 달성하기 위한 작고 논리적인 단계를 만들어 점진적으로 습득하기 바란다.

☞ 나쁜 습관은 조금씩 버려라. 단번에 끊기보다 쉽다.

"내 안에 아이를 끄집어내라. 두려워하지 마라.
새로운 아이디어를 떠오르게 하는 방법 중 하나는 아이처럼 행동하는 것이다.
이전의 것은 다 잊어라. 규칙을 깨라. 비논리적이 되라. 바보처럼 굴어라. 자유롭게 행동하라…
아이가 되라."

— 잭 포스터(Jack Foster), '잠자는 아이디어 깨우기(How to Get Ideas)'

아이처럼

살면서 창의력이 필요할 때가 있다. 어려운 과제나 문제가 닥쳤을 때 해답이나 해결책이 즉시 떠오르지 않을 경우이다.

창의력 전문가들은 창의적인 사고를 활성화시키기 위한 몇 가지 방법을 제안한다. 그 중 첫 번째는 자신을 아이라고 생각하는 것이다.

창의적인 사고는 현실성과 전통의 틀에서 벗어나는 것을 의미하기도 한다. 문제에 직면했을 때 많은 사람이 과거의 관습적 한계에 생각을 한정시켜 버리기 때문에 문제에서 빠져나오지 못한다.

창의성을 키우려면 스스로 세운 장벽을 허물고, 진지함을 벗어난 행동과 비범한 생각을 할 수 있어야 한다. 이런 행동과 생각을 하는 이들이 있다.

바로 아이들이다.

아이는 현실성, 비용, 불이익을 고려하지 않고 상상한다. 그저 상상하는 것이다. 이것이 창의적인 사고의 핵심이다. 처음에는 말도 안 된다고 여긴 아이디어가 결국엔 돌파구의 핵심이 된다.

문제가 해결되지 않을 때는 정장을 벗고 우스꽝스러운 모자를 써 보라. 그리고 그 문제를 생각하고 입 밖으로 말한다. 큰 소리를 내어 이야기한다. 다시 말해, 아이처럼 행동하고 머릿속을 자유롭게 내버려두는 것이다. 아이처럼 행동함으로써 나타나는 결과가 얼마나 놀라운지 알게 될 것이다.

유명한 철학자 요다는 스타워즈 에피소드 2, 클론의 습격에서 다음과 같이 말했다.

"참으로 훌륭하구나, 아이의 마음이란."

☞ 어른은 늙은 아이일 뿐이다.

기억력 향상법

기억력을 향상시키는 데는 여러 가지 방법이 있다. 여기 몇 가지를 소개하겠다.

1. 집중: 기억력을 향상시키기 위한 첫 번째 단계이자 가장 강력한 방법은 기억해야 하는 정보를 들을 때 집중하는 것이다. 산만함은 기억력에 방해가 된다. 연구 결과에 따르면 뇌가 정보를 받아들이고 저장하는 데 8초가 걸린다고 한다. 집중하지 않으면 뇌는 8초의 시간을 벌지 못한다.
2. 반복: 외워야 하는 이름, 단어, 숫자를 보거나 들으면 반복해서 얘기해 본다. 이름을 잘 기억하지 못해 곤란을 겪는 사람은 새로운 사람과 만날 때 이름을 자꾸 부르는 것이 좋다. '만나서 반갑습니다, ○○씨.'
3. 이미지 연상: 이름을 기억해야 하는 사람을 만났을 때 그 사람의 외모에서 이름을 떠오르게 하는 한 부분을 생각하는 것이다. '이 사람의 이름은 캐럴이고 머리카락이 빨간색이다. 다음에 빨간 머리를 보면 루돌프의 빨간 코를 떠올린 다음 크리스마스 캐럴을 생각해야겠다.'
4. 운동하고 잘 자고 건강하게 먹기: 일부 연구 결과에 따르면, 규칙적인 운동, 충분한 잠, 건강한 음식 섭취(항산화 식품, 잎채소, 오메가 3 지방산)가 기억력을 향상시켜준다. 이 연구 결과가 정확하지 않을 수도 있지만, 건강한 생활습관이 부정적인 영향을 줄 리는 없을 것이다.
5. 계기 만들기: 아침에 해야 할 일이 떠올라 한밤중에 잠에서 깼다고 해보자. 하지만 너무 피곤해서 그 일을 기록해 놓을 수가 없다. 그래서 대신 시계를 뒤집어 놓고 잔다. 아침에 일어나면 뒤집힌 시계를 보게 된다. 그 시계를 계기로 할 일이 있었다는 것을 깨닫게 되며, 그 일이 무엇인지도 기억할 수 있을 것이다.
6. 노래로 기억하기: 운율을 이용해 기억을 도울 수도 있다. 각자 운율이나 게임을 통한 암기법을 만들어라.
7. 묶음 암기법: 외워야 하는 항목이 많다면 비슷한 것끼리 묶어 본다. 모든 것을 낱개로 외우려 하지 말고 8개의 항목이 있다면, 2개 정도의 그룹으로 묶어서 외워보라. 대부분의 사람에게는 이 방법이 훨씬 쉽다.

☞ 기억력은 후천적 능력이다. 노력하라.

"두려워하는 일을 하루에 하나씩 해 보라."
— 엘리너 루스벨트(*Eleanor Roosevelt*)

낯선 것에 익숙해지기

노력으로 얻어낸 성공은 역경을 이겨낸 결과이다. 자신의 경험과 능력, 그리고 익숙한 영역을 벗어난 도전 과제에 맞서 싸워 얻어낸 것이다.

익숙한 영역 밖의 역경을 잘 다룰 줄 아는 사람은 자신의 잠재력을 극대화할 수 있다. 자신의 익숙한 영역이란 친숙함을 느끼는 범위를 의미한다. 어떤 활동일 수도 있고, 사람일 수도 있으며 지리적 장소일 수도 있다. 자신이 편안함을 느끼는 영역이다. 사람은 자신의 익숙한 영역에 머무를 필요가 있다. 재충전하는 장소이기 때문이다.

하지만 항상 익숙한 영역에만 안주한다면, 성공할 수 있는 잠재력을 발견할 수 없다. 그러므로 자신의 가능성을 극대화하고 싶다면 익숙한 영역에서 느끼는 안전함과 친숙함을 잠시 떠날 필요가 있다.

익숙한 영역을 벗어나는 것은 두려운 일이다. 혼란스럽고 생소함을 느끼며 정신이 혼미해지고, 심지어는 공황 상태가 되는 경우도 있다. 하지만 명심해야 할 것이 있다. 이런 감정에 익숙해질수록, 편안함을 느끼는 영역을 벗어날 수 있는 자신감을 키우게 된다. 다시 말해, 익숙한 영역을 확장시킬수록 더욱 성장하는 것이다.

일정한 시간이 지나면 그 생소하고 불편한 감정에 익숙해지고, 그 과정을 통해 자신의 익숙한 영역을 확장시킬 수 있다. 그 결과, 새롭고 낯선 곳으로 나아가는 것에 더욱 능숙해 진다.

새롭고 낯선 것에 도전하면 예상치 못한 일이 벌어지기도 하고 새로운 누군가를 만나게 되기도 한다. 그리고 이런 새로운 만남이 앞으로의 인생을 얼마나 더 좋은 방향으로 변화시키는지 경험하게 될 것이다.

☞ 사람은 스스로를 채찍질할 때 성장한다.

"내 의식에 존재하는 생각 외에 나를 지배할 수 있는 것은 아무것도 없다."

— 토니 로빈스(Tony Robbins), 『무한 능력(Unlimited Power)』

정신적 강인함

이 책에서는 정신력 강화를 몇 차례 주제로 다룬다.

정신적 강인함 혹은 정신력은 머릿속 생각을 잘 조종하는 능력을 말한다. 많은 사상과 책에서 이 주제를 다루는데, 그중 가장 추천할 만한 책은 1937년 나폴레온 힐(Napoleon Hill)이 저술한 『놓치고 싶지 않은 나의 꿈 나의 인생(Think and Grow Rich)』이다.

나폴레온 힐은 '생각은 사물이다'라고 했다. 생각이 만질 수 있는 물리적 대상이라는 주장을 갖고, 독자로 하여금 생각을 머릿속에 넣고 빼는 작업을 개념화하도록 했다. 생각을 사물이라 여기면, 생각을 버리는 작업이 가능해진다. 다시 말해, 부정적인 생각이나 충동을 머릿속에서 밀어냄으로써 떨쳐버릴 수 있다는 말이다.

최고의 무술인인 이소룡은 생각을 지배하는 자신만의 비법이 있었다. 의식 속에 부정적 생각이 피어오르면 그 생각을 종이에 적어 불에 태워버리는 것이었다. 이런 방법으로 그는 머릿속에서 부정적인 생각을 지웠다.

나폴레온 힐의 책에 매우 중요한 또 하나의 주장이 있다. 인간의 뇌는 한 번에 단 하나의 중요한 생각만 담을 수 있다는 사실이다. 머릿속에 부정적인 생각이 떠오를 때 그것보다 더 강력한 다른 생각을 하면 부정적인 생각은 머릿속에서 지울 수 있다고 주장했다. 예를 들어, 어떤 일에 대한 부정적인 결과가 머릿속을 계속 지배한다고 해보자. 이 생각은 자신에게 전혀 도움이 되지 않는다는 것을 스스로 잘 알고 있다. 그러므로 전혀 다른 생각을 하도록 스스로를 조종한다. 자신이 바라는 방향으로 더 큰 생각을 하는 것이다. 새로운 생각이 머릿속을 지배하도록 해보자.

중요한 생각을 여러 개 동시에 할 수 있는 사람은 드물기 때문에 대부분의 사람은 새로운 생각에 집중함으로써 기존의 생각(부정적인 생각)을 의식에서 밀어낼 수 있을 것이다. 부정적 생각을 떨쳐내고 긍정적인 생각으로 대체하는 능력은 시간과 연습이 필요한 기술이다. 이 기술을 습득하려고 노력하면 결국 보상받게 될 것이다.

자신이 원하지 않는 생각(무능함, 공포, 소극성, 게으름 등)을 머릿속에서 떨쳐내는 연습을 계속하면, 삶을 주도적으로 살 수 있다. 이것이 바로 정신적 강인함의 핵심이다.

☞ 생각을 사물로 인식하면,
생각을 머릿속에서 밀어내는 작업을 훨씬 쉽게 할 수 있다.

"열심히 할수록 운이 좋아지더군요."

—레오 드로셔(Leo Durocher), 유명 야구 감독

훌륭한 근로 태도

인생은 불확실성으로 가득하다. 근면 성실한 사람이 성공해야 할 것 같지만 그렇지 못한 경우가 많다. 궁극적인 성공을 이루는 데에는 다양한 요인들이 존재하기 때문이다.

성공으로 이끄는 요인을 모두 통제할 수 있는 사람은 아무도 없다. 하지만 마음대로 조종할 수 있는 요인이 하나 있다면 그것은 바로 근로 태도이다.

다음은 근로 태도에 관한 나의 견해이다.

1. 목표를 달성하기 위한 자기 자신과의 약속을 정해야 한다. 인생은 균형 잡기이다. 업무를 할 때는 다른 일을 하지 않고 업무에만 몰두해야 한다. 그러므로 깨어있는 동안에 다양한 목표와 사적인 용무, 공적인 용무 사이에서 시간을 어떻게 분배할 것인지를 확실히 정해야 한다.
2. 99%의 경우, 투자한 시간과 그 결과물에는 상관관계가 존재한다. 간단히 말해, 열심히 일할수록 더 많이 발전한다.
3. 사람들은 '열심히' 일하는 것보다 더 중요한 것이 '똑똑하게' 일하는 것이라 말한다. 이 말은 종종 도끼날을 갈지 않은 채 쉬지 않고 나무를 베는 나무꾼 이야기에 비유된다. 이 나무꾼이 무딘 도끼로 끊임없이 나무를 찍기만 하는 대신, 15분이라도 쉬면서 도끼날을 갈았더라면 작업이 훨씬 더 효율적이었을 것이다. 하지만 이 이야기에는 문제점이 있다. 오늘날과 같은 경쟁사회에서는 사람들이 열심히 일함과 동시에 똑똑하게 일하기 때문이다. 남들도 똑같이 똑똑하게 일하고 있으므로 누가 더 나은지 가늠할 수가 없다.
4. 가끔 상대방의 근로 태도에 대해 쓸데없이 참견하는 사람의 충고는 무시할 줄도 알아야 한다. 열심히 일하는 사람에게 일의 기쁨을 느끼지 못하는 '일 중독자'라며 비판하는 사람도 있다. 이렇게 비판만 하는 사람은 일의 즐거움을 알지 못한다. 그런 말은 무시하고 자신이 알맞다고 생각하는 시간만큼 투자하면 된다. 다른 사람이 자신의 꿈을 결정하게 해서는 안 된다.

☞ 훌륭한 근로 태도는 군중 속에서 자신을 돋보이게 할 수 있는 기회가 된다.

캘리포니아로 이사하기

+	−
꿈꾸던 직업	새로운 친구 만들기
해변	가족들과 이별
새로운 시작	비싸다
남자친구	지진
눈이 오지 않는다	집에서 멀다
할리우드	

비용편익분석

인생을 살면서 어려운 결정을 내려야 하는 순간이 있다. 이런 순간에 비용편익분석을 사용하면 도움이 된다.

비용편익분석이란 어떤 구체적인 행동에 대한 장단점을 파악하는 방법이다.

X를 선택하려고 할 때, 그 선택을 함으로써 발생할 잠재적 이익과 비용을 고려해 봐야 한다. 비용은 일시적인 것일 수도 있지만 인간관계에 미치는 영향, 기분전환, 그리고 놓쳐버린 기회가 될 수도 있다(X를 선택하면 Y를 놓치게 되기 때문이다).

비용편익분석을 할 때는 다양한 결과의 확률도 고려해보는 것이 좋다. 예를 들어, X를 선택하는 것이 이득이라고 100% 확신한다면(비용이 거의 없거나 전혀 없이), X를 선택하지 않는 이유는 0%이어야 한다는 말이다. 하지만 안타깝게도, 인생은 그리 간단하지가 않다.

다음은 비용편익분석을 위한 조언이다.

1. 현재 고려 중인 행동 선택 시 발생할 잠재 이익을 파악한다.
2. 현재 고려 중인 행동 선택 시 발생할 잠재 비용을 파악한다.
3. 한쪽을 선택했을 시 놓치게 되는 기회비용을 파악한다.
4. 자신이 얻고자 하는 이익과 피하고자 하는 비용에 확률을 매긴다.

　　비용편익분석은 정확성을 요하는 작업이 아니다. 이익과 비용의 정확한 가치는 계산할 수 없을뿐더러 한쪽을 포기하고 다른 쪽을 선택할 때 뒤따를 결과의 가능성도 정확히 알 수 없다. 비용편익분석의 목적은 포기와 선택에 따른 다양한 장단점과 결과를 고려할 수 있게 함이다.

☞ 많은 이들이 실행 고려 중인 행동에 대한 장단점을
종이에 적는 방식으로 비용편익분석을 한다.

시각화 기법

성공한 사람들은 목표 달성을 위한 노력을 지속시키기 위해 시각화 기법을 사용한다. 시각화 기법은 미래의 상황을 머릿속에서 '경험하는' 방법이다.
새 아파트의 풍경, 박수 소리, 새 차 냄새, 샴페인 맛, 사랑하는 사람에게 안기는 느낌 등 자신이 원하는 감각을 사용하면 된다.
자신이 이루고자 하는 물질적 대상의 사진이나 그림을 의미하는 비전 보드(vision board)를 만드는 사람도 있다. 이들은 주기적으로 자신의 비전 보드를 바라보며 힘을 얻고 결의를 다진다.
혹은 꿈을 이루는 그날을 마음속에 그림으로 그려봄으로써 내적 동기를 부여하기도 한다.
시각화 기법은 절대 목표 성취를 위한 유일한 수단이 아니다(성실함, 훈련, 끈기를 절대 대체할 수 없다). 단지 목표에 계속 집중하고, 목표를 향한 의기가 충만하며, 굳은 결의를 유지하도록 도와줄 뿐이다. 마음속에 도달점을 품고 살면 그 목표에 도달하는 데 필요한 능력과 창의성이 증대될 것이다.
목표 성취에 관한 유명한 성공 신화가 있는데, 바로 배우 짐 캐리의 이야기이다. 짐 캐리는 캐나다에서 꿈 하나만 가지고 로스앤젤레스로 왔다.
로스앤젤레스에 도착하기 전, 그는 자신의 꿈을 견고히 다지기 위해 5백만 달러 수표에 꿈을 적어 놓기로 마음먹는다. 하지만 통장에 잔고가 없었던 그는 5년짜리 선일자수표를 발행했다.
연예계에서 꿈을 이루기 위해 고군분투하는 동안, 그는 지갑에 간직해 둔 5백만 달러 수표를 현금화하는 자신의 모습을 항상 떠올렸다.
그러던 어느 날 『에이스 벤츄라(Ace Ventura)』라는 제목의 영화에 주인공을 맡게 되었다. 그리고 마침내 자신에게 발행했던 그 엄청난 금액의 수표를 현금화할 수 있게 되었다.
힘든 시간을 겪는 동안 마음속에 확고한 긍정적 이미지를 간직하고 있으면, 앞으로 계속 나아가는 데 필요한 의지를 더욱 강화시킬 수 있다. 이것이 바로 시각화 기법의 목표이다.

☞ 미래의 성공을 보고, 듣고, 냄새 맡고, 맛보고, 느껴라.

우연한 기회

세렌디피티(Serendipity)라는 단어는 우연한 기회, 즉 예상치 못하게 발생한 사건을 의미한다. 창의적인 사람은 우연한 사건에 항상 호기심을 갖고 받아들이도록 자신을 단련시킨다.

내가 가장 좋아하는 두 가지 이야기는 모두 우연한 기회로 일어난 일이다.

1948년 조지 드 메스트렐(George de Mestrel)은 숲 속을 산책했다. 집에 도착한 후 그는 바지에 도꼬마리 열매가 잔뜩 붙어있는 것을 보고 깜짝 놀랐다. 바지에서 열매를 떼어 내다가 하나를 현미경으로 관찰했다. 열매에는 돌기가 나 있었고, 그 돌기가 바지 원단에 들러붙게 하는 역할을 한다는 사실을 발견했다. 그는 이내 찍찍이라 불리는 벨크로(velcro) 원단에 대한 특허를 내게 되었다.

1950년의 어느 날, 군수 업체에서 근무하던 퍼시 스펜서(Percy Spencer)는 레이더 장치를 가지고 실험을 하고 있었다. 불현듯 그는 상의 주머니에 있던 사탕이 녹았다는 것을 발견했다. 그는 속으로 '왜 이런 일이 일어난 걸까?'하고 생각했다.

방금 일어난 일의 우연성에 호기심이 생긴 스펜서는 옥수수 알맹이를 실험실로 가지고 와서 레이더 옆에 두었다. 그랬더니 옥수수 알맹이가 터지기 시작했다. 몇 년 후, 스펜서는 전자레인지에 대한 특허를 취득하게 되었다.

이 두 가지 이야기는 극히 일부에 불과하다. 더 많은 사람들이 예상치 못한 사건을 경험하고, 더 깊게 파고들어 훌륭한 아이디어를 탄생시켰다. 물론 항상 일어나는 일은 아니다. 하지만 중요한 것은 파고들기 전까지는 알 수 없다는 사실이다. 새롭고 생소한 것을 받아들이는 자세는 창의적 사고의 중요한 부분이다. 창의력을 발달시키기 위해서는 수렴적 사고(convergent thinking)를 확산적 사고(divergent thinking)로 승화시켜야 한다. 수렴적 사고란 가치에 대한 즉각적인 평가를 유도하는 정보 처리 과정이다. 녹아 있는 사탕을 발견한 후, '이걸로 뭐 얼마나 대단한 걸 만들겠어?'하고 바로 단념하는 것은 수렴적 사고다.

반대로 확산적 사고는 개방적인 태도와 호기심을 갖고 정보를 살펴보는 것을 의미한다. 신속하게 판단을 내리기보다, 원인에 궁금증을 갖고 생각이 자유롭게 흘러가도록 내버려두는 것이다. 가끔 아주 놀라운 결과가 나타나기도 한다!

☞ 기이하고 말로는 설명할 수 없는 사건에 항상 관심을 가져라.

앨리스: "제가 어느 쪽으로 가야 할지 알려주시겠어요?"
고양이: "어디로 가고 싶은가에 따라 다르지."
앨리스: "어디든지 상관없어요."
고양이: "그렇다면 어느 쪽으로 가든 상관없단다."

— 루이스 캐럴(Lewis Carroll), 『이상한 나라의 앨리스(Alice in Wonderland)』

목표 구체화

목표를 세울 때는 가능한 한 구체적인 목표를 잡는 것이 중요하다.
연구 결과에 따르면 사람은 이루고자 하는 목표가 명확할 때 더 좋은 성과를 낸다고 한다.
정확한 목표를 가진 사람이 성과가 좋다는 사실을 증명하기 위한 많은 연구가 있었다.
한 연구는 고등학생을 대상으로 한 실험이었다. 연구조사자들은 동일한 능력을 갖춘 학생을 두 그룹으로 나눴다. 두 그룹에게 동일한 시간을 주고 A 그룹에는 '윗몸 일으키기 100번', B 그룹에게는 '할 수 있는 만큼의 윗몸 일으키기'를 하도록 지시했다. 그 결과 A 그룹이 B 그룹보다 훨씬 많은 개수의 윗몸 일으키기를 했다. 한 그룹에는 명확한 목표를 주고 다른 그룹에는 대략적인 목표를 주는 실험은 다른 학생들을 상대로 실험 해봐도 항상 같은 결과였다.
마찬가지로 다이어트를 할 때 줄이고 싶은 몸무게 키로 수를 정확히 잡아놓으면 훨씬 더 성공적이다. 다이어트에 돌입할 때 목표를 '몸무게 줄이기' 혹은 '살 빼기'로 세운 사람은 구체적인 목표를 가진 사람보다 성공할 확률이 낮다.

머리는 명확한 지시가 내려질 때 가장 잘 작동한다. 모호하거나 확실하지 않은 목표는 혼란과 불확실성만 만들어낼 뿐이다.
짐 캐리가 얼마나 명확한 목표를 갖고 있었는지 기억나는가? 그는 그저 '나는 언젠가 영화배우가 될 거야'라고 말한 것이 아니라 구체적인 금액이 있고 현금화 날짜가 정해진 수표를 발행했다. 구체적인 목표가 자극제 역할을 한 셈이다.
마지막으로, 구체적 목표와 제한 시간을 정해놓았는데 지키지 못했다고 해서 낙담할 필요는 없다. 구체적 목표를 세우는 목적은 가능한 한 끊임없이 노력하게 하는 데 있기 때문이다. 성공을 좌우하는 모든 요소를 모두 통제하는 것은 불가능하며, 언제 예상치 못한 사건이 발생할지도 알 수 없다. 정해놓은 목표 기한을 넘겨버렸다면, 새로 세운 아주 구체적인 목표와 기한을 갖고 다시 시작하면 된다.

☞ 목표 지점을 알지 못하면 그곳에 다다를 수 없다.

배를 불에 태우기

다음과 같은 전설이 있다. 스페인 정복자인 코르테스(Cortes)는 함대가 멕시코에 정박한 후 병사들에게 배를 불에 태우라는 명령을 내렸다. 이 명령은 '후퇴는 없다, 승리 혹은 죽음만이 있을 뿐이다.'라는 의미였다. 코르테스는 병사들이 전력을 다하기를 바라는 뜻에서 '철수하지 않는다.'는 의미를 함축시킨 명령을 내린 것이다.

인생을 살면서 후퇴를 가능하게 하는 모든 수단을 없애야 할 때가 있다. 성공을 위해 100% 전력을 다해 몰두해야 하는 시점이다. 그러기 위해서는 '궁하면 통한다.'라는 속담을 새겨야 한다. 불가피한 상황을 만들면 스스로 헤쳐 나갈 방도를 찾게 마련이기 때문이다.

> "인간의 잠재 능력에 비하면 우리는 겨우 절반만 깨어 있는 상태이다. 우리는 인간의 육체적, 정신적 능력의 극히 일부만 사용한다. 인간은 자신의 한계에 한참 못 미치는 삶을 살고 있다는 뜻이다. 우리는 모두 우리가 꿈꿔본 적 없는 것을 해낼 수 있는 재능과 힘을 보유하고 있다."
>
> — 윌리엄 제임스(William James), 미국의 유명한 심리학자

돌아 갈수 없는 길에 놓이는 것은 물론 두려운 일이다. 쉬운 일이라고 말하려는 게 아니다. 이 글의 요지는 자신을 시험해보기 전까지는 진정한 자신의 모습을 알 수 없다는 것이다.

> "실패가 불가능한 것처럼 행동하라."
>
> — 도러시아 브랜디(Dorothea Brande) 『깨어나 네 삶을 펼쳐라(Wake Up and Live)』

도러시아 브랜디는 실패의 가능성을 철저히 배제한 상태로 목표를 세우면 그것이 자기 충족적 예언이 된다고 믿었다. 즉 한 가지 대안 외에 다른 모든 대안을 배제하면, 어쩔 수 없이 목표를 달성할 방법을 찾게 된다는 말이다. 저자는 책에서 이것이 성공한 사람들의 비법이라고 말한다. 성공한 사람은 새로운 프로젝트나 사업을 시작할 때 배를 불에 태운다. 후퇴할 방도가 없다면 성공할 방법을 찾게 된다.

☞ 성공은 실패가 존재하지 않을 때 나오는 결과이다.

"우리가 두려워해야 하는 유일한 존재는 두려움 그 자체이다."
― 프랭클린 루스벨트(*Franklin Roosevelt*)

두려움

잠재력을 발휘하지 못하도록 방해하는 첫 번째 요인은 두려움이다.
두려움에는 다양한 크기와 형태가 있다.

1. 실패에 대한 두려움
2. 성공에 대한 두려움. 고도의 성공을 이루고 나면 삶이 나쁜 방향으로 변화할 가능성에 대해 두려움을 느끼는 사람도 있다.
3. 좌절에 대한 두려움. 오늘이 인생의 마지막 날이라면 해보지 않은 일에 대해 후회하게 될 것이다. 도전해보기 전까지는 좌절도 있을 수 없다.
4. 통제력 상실에 대한 두려움. 이전에 해 본 경험이 없는 일을 할 때 불안을 느끼는 사람들이 있다. 이들은 새로운 기회가 생겨 상황을 개선해야 할 때, 어찌할 바를 몰라 통제력을 잃을 수도 있다.
5. 한 걸음 나아가거나 운명에 도전하는 데에 대한 두려움. 자신은 성공하는 부류가 아니라고 생각하는 사람들이 있다. 이들은 현재 상태를 벗어나려고 노력하면 어떤 나쁜 기운에 의해 저지당할 것이라는 이상한 생각을 한다.

두려움은 부정적인 감정이다. 가끔은 두려움이 안전하게 보호해주는 역할을 하지만 대부분의 경우 자신을 가두기 마련이다.
인간은 생각과 동급이 아니라 생각을 지배하는 더 고차원의 존재이다. 운명은 자신의 통제 하에 있다.
누구나 두려움을 느낀다. 하지만 인간은 두려움을 떨칠 수 있는 능력이 있다. 그러므로 삶을 원하는 성공의 궤도에 올려놓기 위해서는 두려움의 속박에서 벗어나야 한다. 선택은 본인에게 달렸다. 두려움에 맞서는 일을 실행하기는 쉽지 않을 것이다. 하지만 그것이 성공하는 길이다.

☞ 두려움은 자신을 가두어 놓는다.

"삶은 다른 계획을 세우느라 바쁠 때 자신에게 일어나는 일이다."

— 존 레넌(*John Lennon*)

통제

인생 최대의 난제 중 하나는 어떤 일을 할 때 모든 세부 사항을 통제하는 것과 모든 것을 통제할 수 없다는 사실을 받아들이는 것의 경계를 지정하는 일이다.

이 책에서는 세부적인 것에 집중하라는 내용을 많이 다룬다. 노력에 대한 성공적인 결과를 얻으려면 세부 사항에 집중하는 것이 매우 중요하다.

하지만 중요한 또 한 가지는 놓을 때가 언제인지를 아는 것이다. 타인(혹은 운명)을 믿고 그들이 맡은 역할을 하도록 내버려 둘 줄도 알아야 한다는 뜻이다.

세세한 것까지 지나치게 간섭하는 사람을 종종 '통제광(control freaks)'이라 부른다. 이들은 어떤 계획이나 사건의 모든 세부 사항을 자신이 통제하려고 든다. 하지만 지나친 간섭이 종종 역효과를 내기도 한다. 통제광은 사람들에게서 최선의 성과를 이끌어내지 못한다. 다른 사람들이 일을 자유롭게 하도록 내버려 두지 않기 때문이다.

1. 통제 가능한 것과 그렇지 않은 것을 구분하는 데 심혈을 기울여야 한다. 다음 구절을 눈에 잘 띄는 곳에 놓아두기를 바란다.

   > "신이시여, 제가 바꿀 수 없는 것은 그대로 받아들일 수 있는 평정을 주시고, 바꿀 수 있는 것은 바꿀 수 있는 용기를 주시고, 이 두 가지를 구별할 수 있는 지혜를 주소서."
   >
   > ─ 라인홀드 니버(Reinhold Niebuhr, 1892~1971), 미국의 신학자

2. 통제할 수 있는 것에 총력을 기울여라. 모든 것을 통제할 수 없다는 말은 통제할 수 있는 것에 최대의 노력을 기울이지 않아도 된다는 뜻이 아니다. 노력과 그 과정이 훌륭했다면, 반드시 좋은 결과가 나타날 것이다.

3. 할 수 있는 모든 것을 다 했다면 결과는 운명에 맡겨라. 내버려 둔다는 것은 일단 최선을 다했다면 느긋하게 쉬라는 의미이다. 물론 쉬운 일은 아니다. 특히 결과가 자신에게 아주 중요한 영향을 미친다면 더욱 그렇다. 하지만 결과에 대한 불안감이 결과보다 나쁜 영향을 미칠 때가 많다. 다른 것을 생각하는 연습을 하기 바란다.

☞ 할 수 있는 모든 것을 하라. 백방으로 노력하라. 그런 다음 최선의 결과를 바라라.

카이젠

카이젠(Kaizen)은 매일 지속적인 향상을 의미하는 일본어이다.
대부분의 성공한 사람들은 매일 작은 것을 통해 스스로 발전시키는 노력, 즉 카이젠을 실천한다.
작가인 래리 윙겟(Larry Winget)은 아버지에게서 배운 교훈에 관한 일화를 소개했다.
래리 윙겟은 어릴 적 농장에서 자랐다. 송아지가 태어난 어느 날, 아버지는 윙겟에게 송아지를 들어보라고 했다. 송아지는 크기가 작아서 윙겟이 들어 올릴 수 있을 만했다.
아버지는 윙겟에게 매일 그 송아지를 들기를 제안했다.

> "래리, 네가 매일 송아지를 든다면 힘이 날마다 세질 거고, 언젠가는 다 큰 소를 들 수 있게 될 거다."

매일 조금씩 발전하고자 한다면, 필요한 노력은 하루에 소화할 수 있는 적은 양이면 충분하다. 그러나 결과는 엄청날 것이다.
과거의 사무라이는 윙겟의 아버지와 같은 사고를 갖고 있었다. 사무라이는 어릴 때 매일 옥수숫대를 뛰어넘는 훈련을 했다. 옥수숫대가 자라면 그만큼 더 높이 뛰어야 했다. 마침내 사무라이는 1.8미터 정도의 옥수숫대를 넘을 수 있게 되었다고 한다(백병전에서 높이 뛸 수 있는 것이 유리하다).
카이젠의 논리는 어떤 어려운 도전 과제도 작은 단위로 쪼개면 실천하기 쉽다는 것이다. 마라톤 훈련을 하는 사람은 시작한 지 하루 만에 전체 거리(42.195km)를 완주하려고 하지 않는다. 단거리를 달리는 것으로 시작해 점차 거리를 늘려가면서 꾸준히 힘을 키우면 결국에는 완주할 수 있게 된다.
비록 작은 과제를 통해서라도 매일 발전하려는 의지를 가지면 스스로 성장하고 발전하는 모습에서 기쁨과 힘을 얻을 수 있을 것이다.

☞ 매일 작은 목표를 달성하면 어려운 과제에 대한 자신감과 힘을 얻을 수 있다.

"만약 내가 얼굴이 두 개라면, 지금 이 얼굴로 살겠습니까?"

― 에이브러햄 링컨(*Abraham Lincoln*)

정직함과 장수

이 책에서는 비즈니스 세계에서 착한 사람만이 성공한다고 주장하지 않는다. 그것은 정직하지 못한 주장이기 때문이다.

가끔 아첨꾼이 성공하기도 한다. 하지만 비즈니스 세계에서 자신에게 만족하며 오랫동안 살아남으려면 한 가지 방법밖에 없다. 항상 정직한 태도로 최선을 다하는 것이다. 이번에 해 줄 조언은 마냥 기분 좋고 감성적인 내용은 아니다.

1. 궁극적으로, 자신의 업무 처리에 스스로 만족해야 한다. 그렇지 않으면 절대 최선의 능력이 발휘될 수 없다. 자신이 하는 일에 확신이 없으면 수행 과정에 고스란히 나타난다. 결국 일 처리에 절반 정도의 속도밖에 내지 못하게 된다.
2. 사람은 자신이 공정한 대우를 받지 않았다면 결국은 그 사실을 깨닫게 된다. 어떤 사람을 평생 속이거나 모든 사람을 가끔 속일 수는 있지만, 모든 사람을 평생 속일 수는 없다. 진실하지 못한 사람의 평판은 머지않아 공공연하게 알려지게 된다는 의미이다.

가끔 어떤 행동이(혹은 행동을 하지 않는 것이) 옳은지 옳지 않은지 판단하기 어려울 때가 있다. 그럴 때는 다음과 같이 해 보기를 조언한다.

1. 입장을 바꿔 생각해 본다. 자신은 어떻게 대우받기를 원하는가.
2. 정직하고 신뢰할 수 있는 조언을 해줄 만한 사람에게 물어본다. 상황에 너무 가까이 있다 보면 나무만 보이고 숲을 보기가 어렵기 때문이다.
3. 옳은 일을 하는 데만 치중한다.

인간이 가질 수 있는 것 중 좋은 평판만큼 값진 것은 없다. 즉각적인 의사소통이 이루어지는 현대 사회에서는 한 번의 실수가 단 몇 초 만에 수백 명의 사람에게 알려진다. 항상 정직하게 행동해야 자신의 평판, 이미지, 그리고 전반적인 삶의 행복을 지킬 수 있다.

☞ 옳지 않은 일을 하는 올바른 방법은 없다.

seven.

제7장. 금융 지식

사회에 첫 발을 내 딛는 사람은 금융 지식을 좀 더 쌓아야 한다.
즉 금융상품에 대해 더 잘 알고 금융에 더 친숙해져야 한다.
지금부터 이어질 주제들은 금융 지식을 향상시키는 데 많은 도움이 될 것이다.
금융에 대해서는 배워야 할 것들이 많다.
하지만 입문하는 데에는 이 책에서 설명하는 내용만으로도 충분하다.

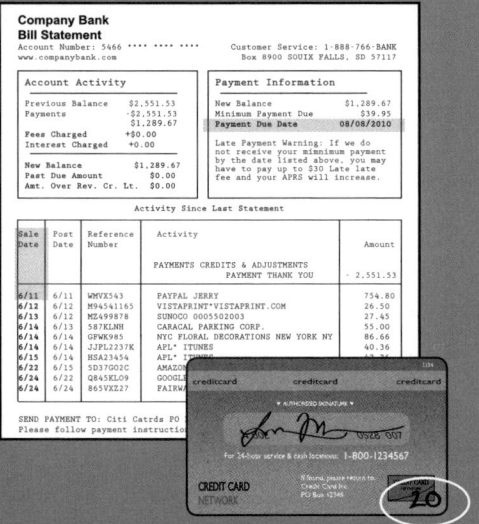

〈구매날짜와 신용카드 결제일〉

플로트

금융 용어에 '플로트(Float)'라는 단어가 있다. 플로트는 돈을 사용한 시점과 갚아야 할 시점(혹은 이자를 지급하기 시작하는 시점) 사이의 기간을 말한다.
신용카드를 현명하게 사용하려면 플로트를 활용할 줄 알아야 한다. 대금 청구기간을 알아 두고 그 기간 초기, 즉 결제일과 최대한 거리를 둔 시점에 물건을 구매하는 것이다.
예를 들어보자. 신용카드 대금 청구 기간이 매월 15일에서 익월 15일까지이다. 그리고 신용카드 청구서를 받은 날(매월 18일경)로부터 결제일까지는 3주가 걸린다.

이 경우 플로트를 활용하는 스케줄은 다음과 같다.
    구매: 1월 16일
    신용카드 청구서: 2월 18일
    결제: 3월 12일

1월 16일과 3월 12일 사이의 기간이 플로트이다. 이 기간 동안에는 구매한 물건을 사용하고 즐거움을 얻지만 아직 돈은 내지 않아도 된다. 여기서 현명하게 신용카드를 사용하는 방법은 대금 청구 기간 초기에 물건을 구매하는 것이다. 그러면 결제일까지 두 달 정도의 여유가 생기게 된다.
플로트를 활용할 줄 아는 신용카드 사용자는 모든 신용카드 뒷면에 대금 청구 시작일을 표시해 둔다. 그런 다음 물건을 구매할 때 플로트가 가장 긴 신용카드를 선택한다.

비즈니스에서도 플로트를 활용하는 경우가 있다. 약속한 시점과 약속을 이행할 시점 사이의 공백을 활용하는 것이다. 예를 들어, 부동산 투자자들은 종종 매입하기로 확실하게 약속하지 않은 채, 매물을 잡아두고 꼼꼼히 평가하려 한다. 반드시 매입해야 할 의무 없이 매물을 잡아두는 기간을 플로트라고 한다.

☞ 이득을 얻으려면 플로트를 활용할 수 있어야 한다.

예산 세우기

예산을 세우는 일은 어렵지 않다. 다만 예산 범위 내에서 생활하는 것이 어려울 뿐이다. 예산이란 일정 기간에 걸친 수입과 지출을 계획하는 것을 말한다. 수입에서 지출을 뺀 금액이 플러스면 흑자이고 마이너스면 적자인 것이다.

예산을 세우는 방법에는 한 가지 비결만 있는 것이 아니다. 다양한 소프트웨어를 활용할 수도 있다. 하지만 어떤 방법으로 예산을 세우든 다음 항목들은 필수적으로 실행해야 한다.

1. 예산에 적용할 기간을 선정한다.(월 단위로 정할 것을 권장한다) 이를 통해, 예산은 월 평균 수입과 지출을 보여줄 것이다.
2. 다양한 수입원에서 발생하는 모든 수입을 목록에 적는다. 만약 급여를 받는다면, 세후 소득, 즉 실수령액을 적는다.
3. 월별 지출을 확인하고 그것을 범주에 넣어 분류한다. 사용할만한 몇 가지 범주는 다음과 같다. ①식비, ②주거생활비, ③교통비— 휘발유/자가용, 통근비, ④보험료, ⑤의류비, ⑥개인 물품비 ⑦친구들과의 교재비

일부 지출은 보험료처럼 연 단위로 나가기도 한다. 연간 비용을 12로 나눠서 매월 발생하는 비용을 예산에 적용하는 방법을 권장한다. 비슷한 방법으로, 옷은 매월 사지 않기 때문에 한 달 이상의 기간을 설정한다. 설정한 기간 동안 옷을 사는데 지출한 금액을 합산해서 개월 수로 나누면, 월평균 의류비 지출액을 산출할 수 있다.

4. 만일에 대비한 지출 항목을 만든다. 사회생활을 하는 사람이라면 예산을 세울 때, 예상치 못한 지출에 대비한 비상금을 감안할 것이다.
5. 수입에서 지출을 뺀다. 이 부분이 예산에서 가장 중요한 핵심이다. 돈이 남는가? 아니면 마이너스인가? 모자란 비용을 벌충하기 위해 신용카드를 사용하는 것은 돈을 까먹는 것과 마찬가지다. 아직 있지도 않은 돈을 빌려서 사용하는 것일 뿐이기 때문이다.
6. 매월 실제 수입/지출을 예산과 비교해보고 필요에 따라 예산을 수정한다.

예산을 세웠다면 지금부터는 예산 범위 내에서 생활하도록 노력해야 한다.

☞ 예산을 세우면 지출을 줄여야 할 부분을 파악하는 데 도움이 될 것이다.

총급여와 실수령액의 차이

급여를 받을 때마다 바로 옆에서 손을 벌리고 있는 이가 있다. 바로 엉클 샘(Uncle Sam: 미국 정부)이다.

회사에서 받는 모든 급여에서는 다음 항목들이 빠져나간다.

1. 원천징수세: 연말에 국가에 부담하게 될 세금을 추산한 것이다. 원천징수액은 본인이 W−4(미국 세금 신고 양식)에 신고한 '인적공제' 대상의 인원수에 따라 달라진다. 취업을 하면 회사에서 이 양식을 작성하게 한다. 신고하는 인적공제 인원 수는 일반적으로 결혼 여부와 자신의 수입에 의존해 있는 부양가족에 해당한다.
2. 국민연금(Social Security): 은퇴 후 받게 되는 연금을 위한 납부금이다. 2011년부터는 정부에서 이 명목으로 총급여액의 4.2%를 징수한다.
3. 의료보험(Medicare): 65세 이상의 국민에게 정부가 지원하는 의료보험체제에 대한 납부금이다. 정부는 이 명목으로 총급여액의 1.45%를 징수한다.

예를 통해 살펴보자. 연봉이 4만 달러이고 미혼인 사람의 주급명세서는 다음과 같다.

총급여: 769.23달러
원천 징수
(인적공제 1명 기준): −83.00달러
국민연금(4.2%): −32.31달러
의료보험(1.45%): −11.15달러
실수령액: 642.77달러

☞ 예산을 세울 때 총급여와 실수령액의 차이를 반드시 인지해야 한다.

"좋은 습관에서 나쁜 습관을 빼고 나면 순자산이 남는다."
― 벤저민 프랭클린(Benjamin Franklin)

개인 재무 보고서

개인 재무 보고서는 특정 시점의 자산과 부채를 한눈에 보여주는 자료이다. 대출 신청을 할 때(혹은 집을 임대하려고 할 때), 개인 재무 보고서를 제출해야 한다. 대출 기관이 재무 보고서를 통해 신청인의 재정 상태를 파악할 수 있기 때문이다.

자산에서 부채를 뺀 나머지를 순자산이라고 한다. 예를 들어보자.

	자산	부채
저축예금계좌(Savings Acct)	2,500달러	
당좌예금계좌(Checking Acct)	500달러	
주식(Stocks)	1,250달러	
2005년산 도요타	3,000달러	
자동차 구입 대출		800달러
신용카드 부채		525달러
학자금 대출		2,200달러
순자산		3,725달러
	7,250달러	7,250달러

두 세로 열의 금액 합계는 항상 같아야 한다. 순자산은 자산에서 부채를 뺀 것이기 때문이다. 순자산이 부채 열에 위치한 것이 의아하겠지만 걱정하지 않아도 된다. 재무 보고서에 익숙한 사람이라면 순자산이 일반적으로 '부채' 열의 하단에 위치한다는 것을 잘 알기 때문이다.

당연히 순자산은 마이너스보다 플러스인 것이 좋다. 장부상 우측에 있는 부채의 합계가 좌측의 자산 합계보다 많으면 순자산의 값은 마이너스가 될 것이다.(두 항목의 합계는 동일해야 한다) 이런 상황은 바람직하지 않다.

이 책을 읽고 나서 여러분의 순자산이 항상 플러스 값을 유지하기를, 그리고 더 증가하기를 바란다.

☞ 6개월여마다 개인 재무 보고서를 만들어라.
자신의 재무 건전성을 인지하는 데 도움이 될 것이다.

파산 신청

파산 신청은 합법적인 행위이고 신청인의 채무를 면책해주는 조치이다.

1. 미국 시민이라면 누구든지 미국 파산법원에 회생 혹은 부채 탕감을 청원할 수 있다.
2. 개인 파산에는 두 가지 형태가 있다. 즉 파산법 제7조와 제13조가 이에 해당한다.
3. 파산 신청서를 제출하기 전에 공인 기관에서 신용 상담을 받아야 한다. 하지만 대부분의 경우 상담이 너무 느리게 진행되기 때문에 보통, 파산 신청이 유일한 해결책이 된다.
4. 파산 법원에 진정서를 제출하면, 신청인에 대한 소송은 그 즉시 '기소 중지' 상태가 된다.
5. 파산 신청의 첫 번째 단계는 파산 법원 판사가 신청인의 재정 상태를 파악하고 '자산실사'를 하는 것이다. 신청인이 시간을 두고 채무를 변제할 충분한 소득이 있다고 판단되면, 파산법 제13조가 적용된다. 따라서 판사가 신청인에게 채무 변제 계획을 세우도록 지시할 수 있다.
6. 반대로, 신청인이 현실적으로 채무를 변제할 능력이 되지 않는다고 판단되면, 파산법 제7조가 적용된다. 따라서 판사는 신청인의 부채 탕감을 지시할 수 있다.
7. 그러나 일부 부채는 파산 법원에서 탕감해줄 수 없다. 예) 학자금 대출
8. 파산법 제7조가 적용되는 경우, 신청인의 자산은 법원에 압류되고 채무 상환을 위해 매각되기 때문에 신청인은 자산 대부분을 잃게 된다. 하지만 일부 자산(예를 들어 개인 물품)은 보전된다.
9. 한 개인은 8년에 한 번만 파산 신청을 할 수 있다.
10. 파산법의 도움을 받은 사람은 파산 신청 이후, 몇 년 동안 대출받기가 어려워질 수 있다.

☞ 비록 파산 신청이 괴로운 일이지만,
이는 파산한 사람에게 재기의 기회를 줄 수 있다.

5가지 신용카드 사용 제안

신용카드는 편리하다. 물건을 구매할 돈을 즉시 지불하지 않고도 물건을 살 수 있기 때문이다. 하지만 이는 위험할 수 있다.

신용카드는 돈을 빌리는 수단이다. 신용카드 발행 기관은 돈을 빌려주는 곳이며, 카드 사용자가 지급하는 이자로 돈을 번다. 신용카드가 작고 얇게, 지갑에서 빼내기 쉽게 만들어진 것은 결코 우연이 아니라 상술인 것이다.

신용카드로 인한 문제를 피할 수 있도록 5가지 사용제안을 하겠다.

1. 물건을 살 때 주로 사용하는 신용카드에 고무줄을 감아라. 고무줄을 푸는 데 걸리는 5초의 시간 동안 구매하려고 하는 물건이 정말 필요한 것인지 자문하라.
2. 당좌대월의 굴레에서 벗어나도록 하라. 신용카드 발행 기관은 카드 사용자가 신용 한도를 초과했을 때 청구하는 수수료로도 많은 돈을 번다. 당좌대월을 받지 않으면 이 수수료를 피할 수 있다. 단지 당좌대월을 사용하지 않을 때의 단점은 신용 한도를 초과한 금액을 결제하면 결제가 거부된다는 점이다.
3. 제때 카드 대금을 결제할 방법을 고안하라. 대금이 연체되면 상당한 수수료가 발생하게 된다. 신용카드의 새 규칙에 따라 청구서는 매월 동일한 날짜에 발행된다. 결제 기일 전에 대금을 납부할 수 있도록 결제일을 상기시키는 메모를 해놓는 등의 방법을 고안하는 것이 좋다.
4. 현재 카드 연체금이 있다면, 서비스 혜택을 통해 구매를 해서는 안 된다. 일반적으로 서비스 혜택이 좋은 카드일수록 이율이 높다. 즉 거의 항상 혜택의 가치보다 더 큰 돈(연체 이자)을 내야 한다는 의미이다.
5. 매월 대금결제를 할 때, 카드사에서 요구하는 '최소 결제액'이상 결제하라. 최소 결제액은 카드사에 진 빚의 일부일 뿐이다. 최소 결제액만 지급하면 나머지 금액은 계속 빚으로 남는다. 신용카드 새 규칙에 따라 카드사는 ⓐ최소 결제액만 결제한 경우 완납까지 주어지는 기간과 ⓑ3년에 걸쳐 부채를 갚기 위해 매월 지급해야 하는 금액을 청구 명세서에 표시해야 한다.

☞ 신용카드는 양날의 칼과 같다.
편리함과 위험성을 동시에 지니고 있기 때문이다.

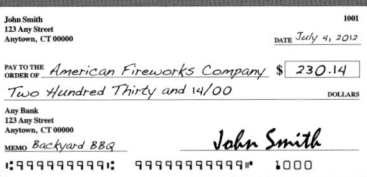

〈서명 확인 필수!〉

당좌예금계좌(Checking Account), 현금자동입출금기(ATM), 직불카드(Debit Cards)

1. 당좌예금계좌를 개설할 때(혹은 사용할 때), 수수료를 면제받기 위해 계좌에 예치해야 할 최소 잔액 혹은 이용 금액을 은행에 확인한다.
2. 수표를 발급받으면 뒷면에 '_____(본인의 계좌번호) 계좌에만 입금 가능'이라고 표기해 본인 외에는 아무에게도 수표의 가치가 없도록 한다.(분실 시에 대비)
3. 수표를 발행함과 동시에 수표기입장에 수취인과 금액을 기록한다.
4. 정기적으로 온라인의 계좌를 확인한다. 매월 입출금 내역을 재확인하는 것이 좋다. 은행도 실수를 한다. 현금자동입출금기를 사용할 때 문제가 없는지 명세서를 잘 살펴보기 바란다.
5. 수표를 예입한 시점부터 그 수표가 현금화되어 자금이 사용 가능해지는 시점까지 걸리는 시간을 알아둔다.
6. '당좌대월'은 당좌예금 계좌의 잔액이나 신용 한도를 초과했을 시 발효된다. 당좌대월을 피하기 위해서, 보통예금 계좌에서 당좌예금 계좌로 돈을 충당하는 방법이 있다.
7. 현금자동입출금기나 직불카드의 비밀번호는 자릿수가 많을수록 좋다. 카드 뒷면에 절대 번호를 적어 놓지 않도록 한다.
8. 타인에게 절대 전화상으로 비밀번호를 알려줘서는 안 된다. 또한 어느 누구도 본인을 대신해서 비밀번호를 입력하게 하지 마라. 만약 비밀번호를 입력할 때, 누군가가 본인을 주시한다면 그 사람을 조심하는 것이 좋다.
9. 직불카드(혹은 신용카드)를 분실하면 즉시 은행에 신고한다. 빨리 신고할수록 카드가 부당하게 사용될 위험이 줄어든다.
10. 은행 연락처와 당좌예금, 직불카드, 신용카드와 관련된 다양한 계좌번호를 기록한 정보는 지갑 외의 장소에 보관한다.
11. 직불카드 발행기관은 카드 사용자에게 당좌대월 사용 희망 여부를 반드시 물어봐야 한다.(잔액을 초과할 때마다 30~35달러의 수수료 발생) 희망하지 않는다면, 잔액을 초과하는 금액을 결제하려고 할 때 결제가 거부된다.

☞ 비밀번호나 ID 번호는 도둑이 쉽게 추측할 수 없는 것으로 설정해야 한다.

자동차 보험

자동차를 소유하고 있다면 자동차 보험에 반드시 가입해야 한다. 이것은 법일 뿐만 아니라 스스로를 보호하는 데 필요하기 때문이다. 다음은 자동차 보험에 관한 기본적인 정보이다.

1. 자동차 보험은 다음 두 가지 경우를 보장해 준다. ⓐ물적 손해: 어떤 경위로든 피보험 차량이 손상된 경우 ⓑ배상 책임: 피보험자(혹은 피보험 차량 운전자)가 다음과 같은 일을 발생시킨 경우 (ⅰ)타인의 차량(피보험 차량 외)에 손해 (ⅱ)피보험자 외 사람(혹은 사람들)에 상해
2. 물적 손해를 담보로 보상받을 경우 자기부담금이 적용된다. 자기부담금이란 보험회사가 보상의 의무를 지는 한도 외에 본인이 부담해야 할 금액이다.
3. 자기부담금이 많을수록 보험료가 낮다. 자기부담금이 많으면 보험회사의 위험 노출액이 줄어들어 보험금이 낮아지기 때문이다.
4. 배상 책임 담보에는 자기부담금이 없다. 보험회사는 피보험자에 의해 발생한 손해나 상해에 100% 보상한다.(약관의 한도에 한해)
5. 손해나 상해의 배상 책임은 과실로 인한 것에 한정된다. 과실의 기준은 '이성적인 인간'이라 판단되는 사람의 부주의에 해당한다. 운전 당시, 운전자의 상태가 기준(판사나 배심원이 판정한)에 부합하지 않으면, 발생한 손해나 상해에 관한 책임은 본인이 지게 된다.
6. 다른 차량에 의해 피보험 차량이 손상된 경우, 보험회사가 보상해준다.(물적 손해 담보) 그런 다음 보험회사는 손해를 일으킨 사람에 대한 피보험자의 권리를 취득한다. 보험회사가 피보험자를 대위하게 되면 손해를 일으킨 사람을 고소할 수 있다.
7. 차량의 값어치가 크지 않다면, 물적 손해보험은 필요하지 않을 수도 있다. 하지만 배상책임보험은 반드시 있어야 한다.
8. 보험회사는 종종 신규 고객을 위한 다양한 상품을 선보인다. 그러므로 여러 상품을 알아보는 것이 중요하다. 한 회사를 담당하는 에이전트와 여러 회사를 담당하는 중개업체(브로커)를 잘 구분하고, 온라인으로 가격 약관을 잘 확인하라.

☞ 자동차보험에 가입하기 전, 충분한 시간을 가지고 알아보라.

퀴즈

1. '기증자(donor)'는 물건을 주는 사람을 지칭한다.   예/아니오
2. '판매상(vendor)'은 물건을 파는 사람을 지칭한다.   예/아니오
3. '저당권 설정자(mortgagor)'는 은행에 집을 담보로 주는 사람을 지칭한다.   예/아니오

정답: 모두 예

유치권과 저당권

저당권이란 부동산에 대한 규제를 의미한다. 이것은 어떤 지역 혹은 자치주 공무원 사무실의 저당권 증서(일부 지역에서는 신탁 증서라고도 한다)라 불리는 한 서류에서 유래되었다. 저당권의 목적은 돈을 대출한 부동산 소유주가 부동산을 대출금의 상환 담보로 사용하는 권리를 제한하기 위함이다.

다음은 저당권 증서의 일부다.

> "존 더(John Doe)는 오마하주 123번가의 소유주다. 하지만 존은 나, 아비가일 애덤스(Abigail Adams)에게 돈을 빌려 그 부동산을 매입했다. 존은 돈을 갚겠다고 약속어음에 서명했고, 그 재산에 대한 권리를 나에게 넘기겠다고 저당권 증서에 서명했다. 만약 존이 약속어음에 따라 돈을 갚지 않으면 나는 이 저당권 증서에 의거하여 내 권리를 행사할 수 있고 존의 재산을 압류할 수 있다.
> 내가 압류권을 행사하면 법원은 존의 재산 매각을 명령할 것이고 그 매각금은 내가 가지게 될 것이다.(존의 채무액에 한해서) 그리고 또 한 가지는, 존은 나에게 돈을 갚으려는 목적이 아닌 이상 그 재산을 팔 수 없다."

저당권은 유치권의 일종이다. 유치권은 개인이 자산을 담보로 대출할 때 자산의 효력을 규제하는 것을 의미한다. 자동차 구입을 위해 대출을 하면 대출 기관은 대출받은 사람의 소유권 증서에 유치권을 포함시킨다. 유치권은 저당권과 마찬가지로 대출을 상환하지 않으면 대출 기관이 차량을 압류할 수 있음을 명시한다.

대출을 받고 상환 담보로 자산의 권리를 대출 기관에 넘겨준 사람을 채무자(lienor)라고 부른다. 돈을 빌려준 사람은 유치권자(lienee)라고 한다. 이 용어를 올바르게 기억하기 위한 가장 좋은 방법은 유치권의 공여를 양도(transfer)라고 생각하는 것이다. 돈을 빌리는 사람은 자신의 재산에 대한 유치권을 대출 기관에 넘겨주게 된다. 이런 경우 채무자(lienor)는 양도인(transferor)과 같다. 돈을 빌려주는 사람은 유치권을 받게 되기 때문에 양수인(transferee)과 같다.

☞ 돈을 빌릴 때, 자신이 소유한 재산에 대해서
대출기관이 어떤 권리를 갖는지 확실하게 이해하라.

"복리야말로 우주에서 가장 강력한 힘이다"
— 알베르트 아인슈타인(Albert Einstein)

복리

돈을 빌리면 대출기관에서 이자를 청구한다. 지급해야 할 이자 총액은 대출 원금에 지급 동의한 이율을 곱한 값이며 일정 기간을 적용해 산출된다.

예를 들어, 1천 달러를 연 8% 이율로 빌리면, 일 년 후에 지급해야 할 이자는 80달러가 된다.

이자가 가중되는 복리법 원리는 반드시 알고 있어야 한다.

복리법은 이자에서 이자를 받는 것을 의미한다. 예를 들어보자.

신용카드로 1천 달러를 대출 받았을 때, 신용카드 회사가 연 15% 혹은 월 1.25%를 청구한다고 해보자.

한 달 후, 신용카드 회사에 지급해야 할 금액은 이자 12.5 달러(1,000달러 x 0.0125)를 포함해 합계 1,012.50달러가 된다.

지금부터 흥미로워진다.

이 금액을 지급하지 않으면 그다음 달에는 대출 원금인 1천 달러가 아닌 1,012.50달러에 대해 이자가 청구된다.

그러므로 발생하는 이자는 12.5달러가 아닌 12.66달러가 되는 것이다.(1,012.50달러 x 0.0125)

남아있던 금액에 이 이자가 더해져 이제 지급해야 할 금액은 1,025.16달러가 된다.

재미있지 않은가?

이번에도 돈을 갚지 않는다고 가정하고 한 달만 더 계산해보자.

세 번째 달에 신용카드 회사의 이자 수익은 12.81달러(1,025.16달러 x 0.0125)가 된다.

이제 지급해야 할 총액은 1,037.97달러가 되었다.(1,025.16달러 + 12.81달러)

지금까지 본 것처럼 신용카드 회사가 벌어들이는 이자는 돈을 상환하지 않을 경우 매월 증가한다. 부채에 적용되는 이자는 이자가 이자를 낳는 '복리'이기 때문이다.

☞ 복리법은 채무자에게는 위험하다.
하지만 이자가 붙는 계좌에 돈을 맡기는 경우에는 유리하게 작용한다.

"은행은 돈이 필요하지 않다는 것을 증명해야만 돈을 빌려주는 곳이다."

— 밥 호프(Bob Hope)

은행 대출 승인받는 방법: 3C's

은행은 3C에 의거해 대출 심사를 한다.
성격(CHARACTER), 담보(COLLATERAL), 신용도(CREDITWORTHINESS)

그렇지 않게 보일 수도 있지만, 은행은 돈을 빌려주기 위해 존재하는 기관이다. 그리고 그게 은행이 돈을 버는 방법이기도 하다.

하지만 은행원 개개인은 신중한 사람이다. 대출을 승인하는 것보다 거절하는 것이 은행원 입장에서는 덜 위험하다. 만약 한 은행원이 빌려준 돈이 잘못되면 자신이 비난을 받을 수 있기 때문이다. 대출을 해주지 말아야 그만큼 비난받을 확률이 줄어든다.

대출을 승인받기 위한 가장 좋은 방법은 은행원의 업무를 최대한 쉽게 만들어주는 것이다.

1. 자신의 배경(성격)을 보여주는 자세한 정보를 제출하고 돈을 어떻게 사용할 것인지 설명한다. 대출을 상환할 방법까지 상세히 덧붙여라.
2. 은행이 안심할 만한(유치권을 행사할 수 있는) 담보를 확인시켜주고, 어떤 이유로 그 담보가 안심할 만한 것인지 설명한다. 담보는 비상 시 은행의 대비책이다. 그러므로 대출을 상환하지 않으면 은행은 담보를 압류할 수 있게 된다(담보에 대한 권리를 가진다). 담보물의 감정가나 평가 내역을 은행에 제출하라. 그 담보물이 대출액보다 훨씬 가치가 크다는 사실을 보여주기 위해서다. 만약 매각해야 할 경우가 발생 시 쉽게 매각할 수 있다는 것도 덧붙여라.
3. 신용도: 은행은 대출 심사 시 대출을 받을 '자격'이 있는지를 평가한다. 그러므로 개인의 신용평가 보고서(신용점수)를 확인할 것이다. 신용평가 보고서에 문제가 있다면 은행에 설명할 수 있도록 준비해야 한다. 은행은 소득 신고서와 개인 재무보고서 뿐만 아니라 재무보고서 상에 기재된 보유 자산의 소유권도 확인한다. 예를 들어, 재무보고서에 1만 달러의 주식이 기재돼 있다면, 은행은 해당 금액의 주식에 대한 소유권을 확인하기 위해 중개인 혹은 투자자문회사에서 성명서를 받아보기 원할 것이다.

☞ 대출을 받기 위해서는 은행원 입장에서 생각하라.

링컨 대통령이 그려진 1센트짜리 동전으로 타이어 수명을 확인할 수 있다.
링컨 대통령의 머리가 아래로 향하게 해서 동전을 타이어 홈에 넣는다.
링컨 대통령의 머리가 보이면 타이어 접지면이 다 닳은 것이고,
머리 윗부분이 보이지 않으면 접지면이 충분한 것이니 수명이 남았다는 의미다.

중고차 구입하기

중고차를 구입하는 것은 때론 두려운 일이다. 다음은 중고차 구입 시 참고할 만한 사항이다.

1. 차를 잘 아는 사람에게 도움을 요청한다. 정비공 같은 사람이면 좋다. 새로 도색하라는 말에 동요하지 마라. 고물 자동차는 도색해도 고물이기는 마찬가지다.
2. 개인 혹은 경매를 통해서 구매하는 것은 위험할 수 있다. 자동차 딜러는 비교적 도덕적이고 책임감 있게 행동하기 때문에 딜러를 통해 구매하기를 추천한다.
3. 다양한 제품, 연식, 상태의 차량을 다양한 가격으로 제공하는 웹사이트에서 정보를 충분히 익힌다.
4. '등록된' 중고 차량을 선택하도록 한다. 등록된 차량이라면 품질 보증서가 있고 제조업체의 재판매 기준에 부합한다. 품질 보증서의 세부 내용은 제품마다 다르겠지만 공통된 사항은 '동력 전달 장치'(엔진과 변속장치)에 발생한 문제를 일정 기간 동안 혹은 일정 주행 거리에 한해 보상해주는 것이다(먼저 해당하는 것에 따라서). 등록된 차량은 더 비싸지만 그만한 가치가 있을 것이다.
5. 구입을 고려하고 있는 차량의 타이어 접지면을 확인한다. 자동차 품질 보증서는 대개 타이어에는 해당되지 않는다. 접지면은 타이어에 있는 홈의 윗면과 아랫면 사이의 거리를 말한다. 그 거리가 충분히 남아있지 않다면, 타이어가 다 닳은 것이고 도로면을 지탱하는 역할을 제대로 하지 못할 것이다. 맞은 편 페이지의 타이어 수명을 확인하는 동전 테스트를 참고하라.
6. 판매자에게 해당 차량의 이력 보고서를 요청한다. 보고서 조회 서비스를 제공하는 회사가 몇 군데 있다. 이 보고서는 해당 차량이 사고 이력이 있는지를 알려준다. 자동차 딜러를 통해서 구매한다면, 무료로 보고서를 받아 볼 수 있다.

☞ 정비공과 친구가 되라.

"수중에 있는 현금보다 꿀이 더 달게 생각된다면 지금 살고 있는 시대를 거의 모르는 것이다."

—오비디우스(Ovid), 로마의 시인, 기원전 43년

유동성

유동 자산이란 현금이나 현금등가물(즉시 현금화할 수 있는 것)을 말한다.
유동성은 보유하고 있는 유동 자산의 상태를 의미한다. 현금, 예금, 단기금융자산 혹은 예금 증서를 갖고 있다면 유동성이 있는 것이다(사업가는 '유동적'이라고 표현한다).
순자산과 유동성을 혼동하는 사람들이 있다. 이런 사람들은 순자산이 플러스이기만 하면 그게 전부라고 생각한다. 이들은 아마 금전적인 문제로 골치를 겪게 될 것이다. 예를 들어 보자. 자산(자동차와 개인 물품)이 부채(학자금 대출)보다 많은 1만 달러의 순자산을 가졌다고 하자. 좋다. 순자산이 플러스인 점에는 아무 문제가 없다.
하지만 이제 예상치 못한 지출이나 투자 기회를 잡기 위해 돈이 필요한 상황에 처했다고 가정해보자. 이 경우 문제가 발생한다. 전체 순자산이 비유동 자산(쉽게 현금화할 수 없음)이기 때문이다. 즉, 지불하거나 투자할 수 있는 자금이 없다는 의미이다. 아무런 도리가 없는 걸까?
이 경우 보유 자산을 담보로 돈을 빌릴 수 있다. 아니면 필요한 돈을 충당하기 위해 신용카드를 사용할 수도 있다. 하지만 일단 돈을 빌리기 시작하면, 새로운 문제가 가중되는 셈이다.
금융 전문가는 최소 3개월 치의 생활비를 유동자산(예: 은행의 저축예금계좌)으로 갖고 있는 것이 좋다고 한다. 그 이유는 수입이 끊겨 생활비를 충당해야 하거나, 좋은 투자 기회가 생기는 등 언제 예상치 못한 비용이 발생할지 아무도 모르기 때문이다.
절박한 상황일 때는 금전적으로 손해를 보는 결정을 내리게 된다. 유동성을 갖추어야 하는 이유는 돈이 필요할 때 다음과 같은 좋지 않은 상황에 처하지 않기 위함이다.
1. 자산을 '재고 처리' 가격에 매각해야 하는 상황
2. 터무니없는 이율에 돈을 빌리는 상황
3. 현금 부족분을 충당하기 위해 원하지 않는 조치를 취해야 하는 상황

☞ 유동성을 잃지 말아야 한다.
급하게 돈이 필요할 때 얼마나 빨리 현금이나 현금등가물을 구할 수 있겠나?

eight.

제8장. 상식

이 책의 제목은 '스트리트 스마트'다.
요령, 지혜를 뜻하는 단어인 '스트리트 스마트'는 다른 말로 상식(savvy)이라고도 할 수 있다.
savvy라는 단어가 명사로 사용될 경우 '명민함, 지식, 그리고 이해력'을 의미한다.
최대한 상식이 풍부한 사람이 되어야 어떤 상황에 처하더라도 잘 헤쳐 나갈 수 있게 된다.
이어지는 교훈들이 도움이 될 것이다.

사실이라고 하기에 너무 좋아 보이는 것은 대개 사실이 아니다.

구매유도 광고

구매유도 광고란 어떤 경우 불법적이기까지 한 비도덕적인 마케팅 기법이다. 구매유도 광고의 형태에는 여러 가지가 있지만, 일반적으로 첫 번째 단계는 상품을 아주 낮은 가격에 광고하는 것이다. 광고를 이용해 사람들을 판매점으로 유인한 다음, ⓐ 광고 상품은 매진됐다고 하거나 ⓑ 광고 상품이 남아 있긴 하지만 다른 상품에 비해 품질이 떨어진다고 하며, 다른 상품을 판매하려는 시도를 한다. 다시 말해, 판매원은 상황(소비자가 판매점에 있다는 사실)을 활용해 고객이 다른 혹은 더 비싼 제품을 사게 만든다. 베이트(bait)라는 단어는 오해 소지가 있는 광고 혹은 사람을 이끄는 (물리적으로나 감정적으로) 유인책을 의미한다. 스위치(Switch)는 더 고가의 제품을 판매하려는 노력을 말한다.
구매유도 광고로부터 자신을 보호하는 방법은 다음과 같다.

1. 판매 조건이 유난히 매력적이라 느껴지면, 판매점을 방문하기 전에 전화를 걸어 추가적인 정보를 확인한다.
2. 지면 광고에 쓰인 작은 활자(예를 들어, '판매 수량 한 개'와 같은)를 잘 살펴본다.
3. 거래 개선 협회(the Better Business Bureau)에 전화해서 해당 판매점에 접수된 불만 사항이 있는지 확인한다. 유도 전환 광고는 허위 광고의 한 종류이므로 소송거리가 될 수 있다. 소송에 시간과 돈을 들이지 않고 스스로를 보호하는 길은 애초에 유도 전환 광고를 피하는 방법뿐이다.

☞ 물건을 구매할 때 물리적, 감정적 결정을 내리기 전에
조사할 수 있는 건 다 해 보라.

"계약이 법적 효력을 갖기 위해서는
각자 상대방에게 어떤 행위나 물건을 제공하기로 약속해야 한다.

계약

비공식적인 합의가 어떤 경우에 법적 계약이 되는 것일까?
다음은 계약에 관해 알아야 할 가장 중요한 규칙이다.
계약이 법적 효력을 갖기 위해서는 각자 상대방에게 가치 있는 물건을 제공하거나 어떤 행위를 해주는 것에 상호 동의해야 한다. 즉 내가 상대방에게 뭔가 해주겠다고 약속하더라도 거기에 상응하는 상대방의 약속이 없으면, 계약은 성립하지 않는다.
예를 들어보자.
내가 당신에게 "5달러 줄게."라고 얘기하고 당신은 "좋아."라고 말한 뒤 헤어졌다. 다음 날 당신은 나에게 전화해서 "5달러 줘."라고 하자 나는 "농담이었어."라고 대답한다.
이 경우 당신은 나를 고소할 수 있을까?
정답은 '할 수 없다.'이다. 상호 간의 거래에 대한 약속이 없었으므로 계약이 성립되지 않았기 때문이다. 다시 말해, 내가 5달러를 줬을 경우 당신이 나에게 무언가를 제공하겠다는 약속을 하지 않은 것이다.
이번에는 이렇게 말했다고 해보자. "내일 시내까지 차를 태워주면 5달러를 줄게." 당신은 "알았어."라고 대답한다. 이제 계약이 성립될까?
정답은 '성립된다.'이다. 이번에는 5달러에 대한 대가로 무언가를 해주겠다는 약속을 했기 때문에 계약이 성립한다. 만약 당신이 우리 집에 데리러 왔을 때 내가 "농담이었어."라고 말한다면, 당신은 나를 계약 위반으로 법원에 고소할 수 있다.
계약의 성립 여부는 각자 상대방에게 가치 있는 물건이나 행위를 제공하겠다는 약속을 하기에 달렸다. 그 약속은 아주 작은 것이어도 괜찮다.

☞ 약속이 법적 효력을 갖게 하려면,
상대방에게 어떤 행위나 물건을 제공하기로 약속하는 것을 잊지 마라.

APARTMENT LEASE

1. TERMS.

2. RENT.

3. USE.

4. LAWS.

5. CARE

6. UTLI

7. ENTERING HOUSE.

8. DAMAGE TO HOUSE.

9. CONDEMNATION.

10. CHANGES.

14. SECURITY DEPOSIT. You will deposit with us before _____ , ____ , $ _____ as a security deposit. If you are in default under this lease, we may use the security deposit to pay the rent or any other money you owe us under this lease. If you fulfill all of your agreements under this lease, we will return the security deposit to you within thirty (30) days after the lease ends.

〈임대 계약서〉

임대 보증금

모든 집주인이 정직하지는 않다. 집주인이 남용할 소지가 가장 큰 부분이 바로 임대 보증금이다. 임대 보증금은 집주인에게 지급하는 한두 달 치 월세 금액에 해당하는 돈이다. 이 돈의 목적은 세입자가 모든 월세를 내고 집을 훼손하지 않는다는 것을 보증하기 위함이다.

임대가 종료되면 진행되는 일반적인 절차는 집주인이 집을 살펴보고 임대 초기와 같은 상태일 때 임대 보증금을 세입자에게 돌려주는 것이다.

안타깝게도 모든 집주인이 규율대로 행동하지는 않는다. 다음은 그 규율(법규)이다.

1. '일상적인 마모'는 세입자의 책임이 아니다. 집이 대체로 임대 초기와 같은 상태일 때 집주인은 임대 보증금 전체를 돌려줘야 한다.
2. 집주인은 제한된 기간 내에 임대 보증금을 세입자에게 모두 돌려주거나, 집 상태에 대한 구체적인 문제점을 서면으로 알려야 한다.
3. 집주인은 손상된 품목이 있다고 하더라도 임대 보증금 전액을 가져갈 수는 없다. 정확히 무엇이 손상되었고 수리비 견적은 얼마인지 세입자에게 알려줘야 하며, 그 견적은 합리적이어야 한다.
4. 집주인은 주 정부에 임대 보증금에 대한 이자를 내야 한다. 이율이 보통 아주 높지는 않지만, 임대 조건을 모두 충족시켰다면 세입자가 임대 보증금을 돌려받을 때 그 이자까지 받을 수 있다는 데 의미가 있다.

집주인이 임대 보증금(혹은 그 일부)을 부당하게 징수한다는 느낌이 들면 집주인을 상대로 소액사건법원 혹은 주택법원에 소송을 제기해 보거나, 소비자보호위원회에 연락해 도움을 받을 수 있는지 알아보고, 집주인이 부도덕하게 굴며 보증금을 내주지 않는다면, 경찰서에 신고하도록 한다.

☞ 집주인이 부도덕하거나 독단적이라고 생각되면
조금의 임대 보증금도 빼앗기지 말고 싸워라.

체포 시 지침사항

이런 상황은 절대 일어나지 않기를 바라지만, 만약의 경우에 대비한 조언이다.

1. 정중하게 행동하라. 사건을 경찰이 어떻게 생각하느냐에 따라 어떤 혐의로 기소될지, 또는 구속 여부가 결정된다(또한, 경찰은 보석금의 필요 여부와 금액 결정권도 갖고 있다). 그러므로 아무리 화가 나도 최대한 공손하게 행동하라. 경찰에게 대들지 말고 목소리를 높이지 마라. '네.'와 '아니요.'라는 말만 해도 충분하다. 화가 나겠지만, 진정하라.
2. 현명하게 행동하라. 이 상황에서 경찰은 친구가 아니다. 사건에 대해 경찰에게 이야기할 필요가 없다. 경찰은 체포자에게 질문하기 전 미란다 원칙을 고지해야 한다. 미란다 원칙은 묵비권을 행사할 수 있고, 진술이 본인에게 불리하게 적용될 수 있다는 사실을 포함한다. 하지만 질문하지 않을 경우, 경찰은 미란다 원칙을 고지할 필요가 없다. 그러므로 어떤 상황에서도 경찰에게 사건에 대해 무턱대고 이야기해서는 안 된다. 언제 진술을 해야 할지(혹은 하지 말아야 할지)에 대한 기준이 모호할 때가 있다. 경찰이 체포하려는 건지, 아니면 그저 무슨 일인지 파악하기 위해 질문하는 건지 항상 명확하지는 않다. 일반적으로 경찰이 체포하려는 것이 확실한 경우, 자진해서 사건에 대해 진술하지 않는 것이 좋다.
3. 가능한 한 빨리 목격자의 신원을 포함한 사건의 경위를 메모하라. 머릿속에 사건이 생생할 때, 모든 구체적인 사항을 기억해 내 적어두어야 한다.
4. 형사사건 전문 지역변호사를 선임하라. 일반 변호사나 지인을 고용하지 마라. 유능한 변호사를 선임하는 것이 중요하다. 추천을 받고 다양한 변호사를 검색하라. 지역 사람이고, 법정에 지속해서 왕래할 수 있는 변호사가 필요하다. 변호사는 경찰, 검사, 그리고 판사를 잘 아는 사람이기 때문에 지역 변호사는 좀 더 나은 결과를 가져다줄 수 있을지도 모른다.

☞ 침착하라.

"무엇을 믿을 것인가? 나, 아니면 자신의 눈?"

― 그루초 막스(*Groucho Marx*)

세 장의 카드 속임수

카드 속임수 중 '세장의 카드 속임수(Three-Card Monte)'라는 것이 있다. 마술사가 작은 테이블에 카드 세 장(에이스, 킹, 그리고 퀸)을 놓고 거리에 선다. 그리고는 지나가는 사람들에게 내기를 건다. 모든 카드를 뒤집은 다음 섞은 뒤 사람들에게 에이스 카드를 맞혀보도록 하도록 하는 것이다.

마술사는 교묘한 속임수를 이용해 에이스를 어느 한 쪽으로 이동시키는 척하면서 사실은 그 반대 방향으로 보낸다. 100명 중 99명은 그 행동을 눈치 채지 못하고 내기에서 지고 만다. 물론 마술사는 대부분의 사람이 쉽게 속는다는 사실을 잘 알고 있다.

우리는 살면서 이런 마술사 같은 사람을 만나게 된다. 이들의 목적은 상대방의 지갑을 열게 만드는 것이다. 여러분은 누군가 자신을 속이려 할 때 그것을 알아차릴 수 있어야 한다.

유능한 영업사원은 고객의 심리를 가지고 놀 줄 안다. 고객의 감정을 자극할 줄 알고 고객을 혼란시킬 줄 알며, 영업사원의 행동이나 언어 등이 고객의 잠재의식에 영향을 미치는 '암시의 힘'을 활용할 줄 안다. 이들은 고객이 굳이 필요하지 않은 물건을 사게 하거나 더 높은 가격에 물건을 판매하기도 한다.

다음은 영업사원에게 속고 있다고 판단되는 경우를 위한 조언이다.

1. 말이 빠르고 과장이 심한 사람을 조심하라. 말의 내용에 이해되지 않는 부분이 있다면 이해가 될 때까지 질문하라.
2. 판매원이 제안한 조건을 다시 말해달라고 하라. 번복하는 내용이 없는지 주의 깊게 들어라.
3. 판매원의 눈(영혼의 창)을 주시하라. 찔리는 데가 있는 눈빛인가?
4. 만족한 고객의 이름을 물어보라.
5. 구매하려는 목적을 사적인 이유로 포장하라("편찮으신 엄마를 위한 선물이에요"). 판매원이 멈칫하거나 하얗게 질리는가?

안타깝게도, 살면서 가끔은 약간의 의심을 할 필요가 있다.

☞ 어떤 사람이 물건을 팔려고 한다면, 의심의 끈을 놓지 마라.

소액 사건 심판

소액 사건 법원은 분쟁 금액에 제한을 두는데, 그 금액은 평균 200만 원이다.
법원에서는 재판이 약식으로 진행된다.
법정에 출두하고 사건 신고를 위해 법률 내용을 반드시 알아야 할 필요는 없다. 소액 사건 판사들은 변호사가 아닌 사람들을 돕기 위해 특별히 애쓰기 때문이다.
개인 혹은 회사와 분쟁 중인 경우, 자신이 옳다고 생각한다면 법원에 기소해 보는 것이 좋다.
소송을 시작하는 것은 간단하다. 상대방이 자신에게 빚을 졌다고 생각하는 이유를 서면으로 작성해 상대방에게 보내면 된다. 이렇게 작성된 문서를 고소장이라고 한다.
상대에게 고소장을 발송함과 동시에 고소장 사본을 법원에 제출하고 나면 공판 날짜가 정해진다.
공판이 있는 날, 원고와 피고는 판사에게 자신의 주장을 진술한다. 판사는 즉시 판결을 내리기도 하고, 아닐 경우에는 몇 주 후에 결과를 받게 된다.
소송에서 승소했다고 하더라도 피고에게 돈을 알아서 받아야 한다. 가끔 이 과정이 어렵다. 피고가 돈을 지급하지 않는다면 강제집행이 가능하다. 하지만 시간과 비용이 발생한다는 단점이 있다. 다행인 것은 대부분의 사람은 법원의 판결을 준수한다는 사실이다.
부당한 일을 당했다는 생각이 들면, 소액사건 심판을 이용해 보기를 추천한다. 패소하더라도 재판 체계가 어떻게 움직이는지 알게 된 경험 그 자체로 충분히 의미가 있다.

☞ 소액 사건 심판은 누구에게나 열려 있다.
　변호사라고 특별대우를 받지 않는다.

작은 활자

많은 계약서에 '작은 활자(Fine Print)'가 존재한다. 이는 계약서를 작성한 사람 혹은 회사의 의중이 반영된 것으로써 그 부분이 읽히거나 이해되지 않게 하려는 의도이다. '작은 활자'라는 용어는 계약서의 해당 부분이 말 그대로 아주 작은 활자로 되어 있어 읽기 어렵다는 사실을 일컫는다.

그러나 대개 '작은 활자'는 활자 크기를 의미한다기보다 내용의 '난독성'을 의미한다. 너무 헷갈리게 쓰여 있고 가끔은 어려운 법률 용어로 되어 있어 일반인은 이해하기가 어렵기 때문이다.

계약서상에 읽기 어렵고 헷갈리는 언어를 해석할 수 있도록 몇 가지 조언을 하겠다.

1. 굵은 글씨 혹은 계약서의 다른 글씨보다 큰 활자에 특별히 주의를 기울여라. 주정부와 연방정부 법률에 '보통 언어 법률'로 알려진 법이 있다. 이 법률에 따라 중요한 정보는 눈에 띄게 표시되어야 한다. 역설적이게도 계약서의 '작은 활자'는 실제로 글자 크기가 큰 경우도 있다.
2. 계약서에 이해되지 않는 조항이 있을 때, 계약서를 발행한 회사에 전화하라. 담당자에게 설명이나 해석을 요청하라.
3. 이 요청에 대한 대답을 받을 때, 내용을 확실히 확인해두라. 확인해두는 방법은 (i)대화 내용을 녹취하거나(녹취사실을 밝혀야 한다) (ii)계약 내용에 대한 설명을 서면으로 받거나 (iii)본인이 이해한 내용을 글로 써서 계약 상대에게 보낸 뒤, 잘못된 부분이 있으면 알려달라고 하는 방법이 있다. 소송에서 자신의 이해한 내용을 뒷받침하는 자료를 제출하면, 승소할 가능성이 아주 높다.
4. 대답을 받지 못했다면, 아는 사람에게 도움을 요청하라. 자신보다 경험이 많고, 헷갈리는 말의 의미와 의도를 잘 이해하도록 도와줄 수 있는 사람이어야 한다.

무슨 일이 있어도, 꺼림칙한 상태에서 계약서에 서명해서는 안 된다. 그것은 '작은 활자'를 만든 사람의 의도를 충족시켜주는 일이다. 그들은 대부분의 사람이 계약서를 한두 번 읽다가 포기하고 그냥 서명하기를 바라고 있다.

☞ 계약서상의 '작은 활자'를 읽은 후 배우게 되는 것은 교육이고,
읽지 않고 배우게 되는 것은 경험이다.

원하는 것은 무엇일까?

어느 날 아침 업무상 알고 지내는 사람에게 만나고 싶다는 전화 혹은 이메일을 받는다. 만남의 이유가 단지 친목을 위한 것일 가능성은 적다. 이 경우 정확한 목적은 몰라도, 물건이나 서비스 혹은 아이디어를 팔 것이라는 의심이 들 것이다.

그 사람이 영리한 사람이라면, 무엇을 팔고자 하는지 밝히기 전에 일상적인 이야기로 시작할 것이다. 심지어 나중에 의도를 드러냈을 때 상대방이 거절할 가능성을 애초에 차단하려고 할 것이다.

그 사람과 인간관계를 유지하고 싶은 사람이라도 팔려는 것을 살 가능성은 적다. 이런 상황에서 여러분의 목표는 궁지에 몰리는 일을 피하는 것이다. 무조건 '싫어.' 라고 말하는 것보다 '알았어.'라고 대답할 수 없는 그럴듯한 이유를 대는 것이 좋다. 그 사람이 원하는 것이 무엇인지 정확히 알아내기 전까지 가능한 중립적인 태도를 유지해야 한다. 본론에 들어가기 전에 최대한 모호한 태도로 반응하는 수비와 방어가 필요하다.

'암호'가 풀리기 전까지 즉, 만남의 목적을 정확히 파악하기 전까지는 확정적인 대답을 회피하는 것이 좋다. 입장을 한쪽으로만 제한하는 말은 하지 않고, 팔고자 하는 대상을 구체적으로 알게 되면 그때 적절한 입장을 취하면 된다.

전체적인 과정은 춤 혹은 복싱 경기와 조금 비슷한 면이 있다. 복싱에서 상대방이 자신에게 주먹을 날릴 거라는 사실은 알지만 그게 언제일지, 어떤 각도로 들어올 것일지는 모른다. 그동안 방어를 잘해야 한다.

최고의 복싱 챔피언인 진 터니(Gene Tunney)는 자신의 성공 요인을 강한 펀치를 재빨리 피하는 능력이라고 했다. 때로는 수비를 잘하는 것이 중요하다. 스스로를 보호하고 선택의 기회를 열어두기 위해 즉, 발생 가능한 상황에 대처하는 유연성을 극대화하기 위해서 말이다.

☞ 때로는 애매한 태도를 취하는 것이 최선의 대응책이다.
상황을 파악할 충분한 여유를 가져라.

모두가 믿을만한 사람은 아니라는 것을 인지하고 사람을 믿어라.

추천

광고를 접하고 나면, 그 상품이나 서비스 품질에 대한 광고 내용에 자연스럽게 의심을 품게 된다. 상대가 자신을 상대로 장사한다는 느낌이 들면 호감이 반감되기 때문이다.

친구에게 추천을 받는 경우는 정반대다. 자신이 신뢰하는 사람이 상품을 권하면, 의심 없이 믿게 되는 경향이 있다. 숨은 의도가 없다는 사실을 알기 때문에 높은 신빙성을 부여하게 되는 것이다.

하지만 이 두 경우 중 이도 저도 아니고, 가끔 상처를 받게 되는 경우가 있다. 바로 숨은 의도를 드러내지 않은 사람이 추천한 것에 따르는 경우다.

비즈니스에서도 자신의 목적을 밝히지 않은 채 상대에게 뭔가를 추천하는 사람이 있다.

대개 그 목적은 순전히 금전적이다. X가 Y라는 사람을 당신에게 추천해 Y를 채용하면 Y가 X에게 소개료를 주는 경우가 있다. 이 상황은 Y가 나쁜 사람이 아닌 이상 겉으로 보기에 나쁜 짓은 아니다. 그저 X의 추천 의도가 금전적인 목적을 위한 것이었다면 Y를 채용하지 않았을 수도 있다는 뜻이다.

때로는 업무적인 관계에 있을 때 알아채기가 훨씬 더 어렵다. 부동산 업계에서는 일부 중개업체가 집의 문제를 눈감아 주는 건물조사관(building inspector)을 이용해 질타를 받는 일도 있다. 다시 말해, 부동산 중개업체는 계약 성사를 저해할 수 있는 문제를 굳이 드러내지 않을 건물조사관을 추천하기도 한다는 말이다.

소비자는 부동산 중개업체나 변호사, 박사 등이 추천하는 정보가 필요할 때가 있다. 추천받은 정보가 꾸밈없는 사실이면 좋겠지만, 그것을 알아차리기가 항상 쉽지만은 않다. 추천이 필요할 때는 한 명 이상에게, 즉 여러 개의 추천을 받는 것이 좋다.

☞ 항상 추천을 받을 때는 '연결된 끈'이 있는지 확인해 보라.

"인간은 매우 단순하며 눈앞의 필요에 따라 쉽게 변하기 때문에
속이려는 자는 항상 속는 자를 찾을 수 있다.
그러므로 군주는 훌륭한 자질을 갖춘 사람일 필요는 없지만
훌륭한 자질을 갖춘 것처럼 보이는 사람이어야 한다."

― 니콜로 마키아벨리(*Niccolo Machiavelli*)

마키아벨리

마키아벨리는 1469년에서 1527년까지 이탈리아에 살았다. 1513년 당시 마키아벨리는 권력에서 밀려나 있었다. 그런 그가 피렌체의 영주인 로렌초 메디치(Lorenzo d' Medici)에게 『군주론(The Prince)』이라는 제목의 책을 써서 올렸다. 이 책은 굉장한 인기를 얻게 되었다.

마키아벨리는 군주가 존경받기 위해서는, 대중에게 사랑을 받기보다는 두려움을 주는 존재가 되어야 한다고 주장했다.

"군주가 대중에게 사랑을 받는 것과, 대중이 군주를 두려워하는 것 중에서 어느 것이 더 나은가. 이 질문에 대부분의 사람들은 두 가지 모두라고 답할 것이다. 하지만 한 사람이 두 가지를 모두 얻기 어렵다면, 사랑을 받는 것보다는 두려운 존재가 되는 것이 훨씬 안전하다. 사랑은 일종의 의무감 때문에 존속된다. 그러나 인간은 비열한 동물이기 때문에 언제든지 이익이 되면 사랑을 배신한다. 그러나 두려움은 처벌에 대한 공포 때문에 존속되며 항상 효과적이다."

마키아벨리는 인간의 선함은 믿지 않았다. 대신 군주에게 필요한 유일한 덕목은 권모술수와 권력이라 믿었다. 실제로 요즘에는 표리부동하고 가식적인 사람들에게 '마키아벨리스럽다'고 한다.

마키아벨리는 500년 전 인물이고, 지금과는 달리 소통이 잘 안 되고 정보의 신뢰성이 떨어지는 시대에 살았다. 디지털 시대인 현재는 정보가 순식간에 퍼지기 때문에 권모술수와 속임수의 리더십은 더 이상 통하지 않는다.

☞ 청렴하고 정직한 지도자가 결국 성공하게 될 것이다.

사기방지법

사기방지법 조항 중에 특정 계약은 서면이 아니면 법적 효력이 없다는 내용이 있다. 사기방지법에 따라 다음 두 가지 경우에 대해서는 항상 서면으로 된 계약서가 필요하다.
1. 계약 기간이 1년 이상일 경우
2. 부동산 매매와 관련된 계약일 경우

첫 번째 계약 유형을 예로 들어보겠다.

고용 계약 기간이 2년인 회사에 근무하게 되었다고 해 보자. 하지만 회사는 계약서를 써 줄 생각을 하지 않는다. 계약서란, 상단에 '계약서'라고 명시된 것만 의미하는 것은 아니다. 서명이 포함된 문서 혹은 이메일도 가능하다. 하지만 고용 계약 내용을 증명하는 어떤 문서도 없다고 가정해 보자.

이 경우 고용된 지 6개월 만에 해고된다고 해도 사기방지법 때문에 계약 위반으로 회사를 고소할 수 없다. 계약 기간이 1년 이상인 계약에는 서면으로 된 문서가 필요하기 때문이다.

하지만 정말 묘하게도, 고용 계약 기간이 11개월인 경우 6개월 만에 해고된다면 회사를 고소할 수 있다. 이 경우에는 사기방지법이 적용되지 않기 때문이다(계약 기간이 1년 미만이기 때문).

예상했겠지만, 사기방지법에도 예외가 존재한다(대부분의 법이 그렇듯이). 예를 들어, 구두로 계약한 경우 계약 위반으로 본인이 입은 피해를 증명할 수 있다면, 법원에서 사기방지법을 적용하지 않을 수 있다.

중요한 것은 구두 계약이 법적 효력이 없는 경우가 있다는 사실을 인지하는 일이다. 서면으로 된 문서가 필요한 경우인지 아닌지 확신이 없다면, 변호사에게 자문을 구하는 것이 좋다.

☞ 모든 사람이 본인이 한 말을 지키면 좋겠지만,
항상 그렇지 않다는 사실을 이제 잘 알았으리라.

"내 지갑을 훔치는 자는 쓰레기를 훔치는 것이다.
하지만 내 이름을 훔치는 자는 나를 정말 가난하게 만드는 것이다."

—셰익스피어(Shakespeare)의 『오셀로(Othello)』 중 이아고(Iago)의 대사

명의도용

명의도용이란 타인이 본인의 허락 없이 가치 있는 뭔가를 사취하기 위해 개인 정보를 사용하는 것을 말한다.

명의를 도용하는 범죄의 형태는 다양하지만, 공통적인 맥락은 돈을 인출하거나 대출을 받을 때, 혹은 물건이나 서비스를 구매할 때 범죄자가 명의자를 사칭하는 것이다. 범죄자가 개인 정보를 빼내는 방법에는 여러 가지가 있다. (i)결제 시 개인 신용카드/현금카드 번호 복사 (ii)은행 혹은 다른 사업 계정을 사칭해 개인 ID의 '확인'을 요구('피싱, phishing') (iii)개인정보를 입력하게 하는 가짜 웹사이트 만들기 (iv)우편함이나 쓰레기 뒤지기(혹은 지갑 소매치기) (v)은행이나 업체에 청구서(피해자 계좌 정보가 있는) 발송 주소 변경 신청

명의도용 범죄의 문제점은 명의가 도용된 지 수개월이 지나도 본인이 알아채기 어렵다는 사실이다. 신용상태 알림서비스는 신용카드의 비정상적 사용을 감시하는 것으로써, 명의도용 범죄의 피해를 최소화하는 데 도움이 된다. 물론 이런 서비스는 비용이 든다. 그러므로 개인정보를 사용할 때나 보관할 때 주의한다면 대부분의 명의도용 범죄는 막을 수 있을 것이라 생각한다.

본인의 명의가 도용되었다고 생각하면 다음을 참고하라.

1. 신용카드와 현금카드를 정지시킨다. 현금카드 오용에 대한 위험 부담액은 얼마나 빨리 은행에 도난 신고를 하느냐에 달려 있다.
2. 계좌에 도난 알림 서비스를 신청한다.
3. 차량관리부에 신고해 운전면허를 무력화시킨다.
4. 신용상태 알림서비스에 일시적으로 가입한다. 본인 명의의 도용 여부를 더 빨리 확인하는 데에 도움이 된다.
5. 경찰에 신고한다. 명의도용 신고서(Identity Theft Report)라는 것을 제출하면 신용평가기관이나 업체가 문제를 신속하게 해결하는 데 사용된다.

☞ 지금 당장 개인정보유출을 조회하라.

임대할 집 고르기

임대할 적당한 아파트(혹은 주택)를 고르는 것은 힘든 일이다.
다음 사항을 참고하라.

1. 먼저 살고 싶은 지역 범위를 정한다. 물론 직장과의 접근성이 중요하다. 그러나 일상생활 반경과 필요한 편의 서비스(교통, 식료품점, 약국, 세탁소)와의 접근성도 중요하다. 당연히 예산도 고려해야 한다. 예산에 맞는 집값이 형성된 지역은 어디인가?
2. 온라인 서비스나 신문에서 시작해도 좋다.
3. 일부 지역에서는 부동산 중개업체가 도움이 된다.
4. 임대 시장에 아무리 건수가 적더라도 결정하기 전에 최소 세 군데는 알아본다. 두 가지 이상의 후보를 봐야 안목이 생긴다.
5. 집의 외관도 물론 중요하지만, 눈에 잘 띄지 않는 휴대폰 신호 수신 상태, 수압, 별도의 세탁실 존재 여부와 같은 사항도 확인한다.
6. 엘리베이터, 계단, 로비와 같은 건물의 공동 사용 시설은 어떤가? 건물주가 공동 사용 시설에 신경을 쓰지 않는 사람이라면 임대한 집 변기에 물이 샌다고 해도 책임지고 신속하게 처리해주지 않을 가능성이 크다.
7. 같은 건물의 다른 세입자를 만나면 어떤지 물어본다.
8. 집을 알아보기 시작할 때 임대 보증금이나 보증인(특히 공동 서명인)에 대해 확인한다.
9. 다른 사람과 함께 임대할 예정이라면, 대부분의 경우 임대료 책임은 분할되지 않는다는 사실을 명심해야 한다. 다시 말해, 다른 사람과 함께 임대 계약을 했다가 그 사람이 집을 나가면, 당신은 임대료 절반이 아닌 전체를 부담하게 된다.
10. 변호사, 부모 혹은 선배에게 임대차 계약서를 검토해 달라고 부탁한다. 계약서에 무턱대고 서명해서는 안 된다.

nine.

제9장. 투자

돈을 버는 것은 물론 중요한 일이다.
그러나 번 돈을 어떻게 관리하느냐가 훨씬 중요하다.
투자에 성공한 사람들은 대부분 경제적 자유를 누리며 살 수 있다.
이어지는 주제에서는 투자에 관한 지식을 쌓는 데 초석이 될 만한 내용을 다룰 것이다.

자택 소유

집을 사는 것은 중요한 결정이다. 집을 소유하는 것에 대한 장단점은 다음과 같다.

장점:
1. 자택을 소유하는 것은 인플레이션 헤지(물가상승으로 인한 화폐가치 하락에 대비하는 일) 수단이다. 장기적인 관점에서 집의 가치는 물가상승률과 같이 움직이기 때문이다.
2. 자택 소유자는 주택담보대출을 상환하면서 자기자본을 축적해나갈 수 있다. 자기자본은 재산 가치에서 부채를 뺀 것을 의미한다. 주택을 임대하는 것과는 다르다. 임차인이 임대료를 낸다고 해서 결국 그 집이 자기 소유가 되는 것은 아니기 때문이다.
3. 자택을 소유하면 소득공제 혜택을 받는다. 즉, 주택담보대출 이자와 부동산세를 낸 만큼 소득공제를 받아 과세 소득이 줄어든다. 자택 소유를 장려하기 위한 국가의 정책이다.
4. 자택이 있으면 생활방식도 달라진다. 세입자는 집주인이 임대료를 인상하거나 집을 신경 써주지 않으면 항상 골머리를 앓지만, 집주인은 집에 대한 모든 결정권을 갖고 행동할 수 있기 때문이다.

단점:
1. 집을 사는 것은 비유동 자산에 투자하는 것이다. 자기자본으로 집을 샀다고 하더라도 필요할 때마다 집을 현금화할 수는 없기 때문이다. 물론 자기자본을 담보로 대출할 수는 있지만(주택담보대출), 매번 할 수 있는 쉬운 일이 아니다.
2. 집을 소유하면 이동성이 떨어진다. 사람들은 일반적으로 일자리가 더 많은 지역으로 이사를 한다. 하지만 자택을 갖고 있으면 이사하는 일이 어렵게 된다. 집이 원하는 대로 금방 팔리지 않기 때문이다.
3. 집을 팔 때도 웬만큼 비용이 든다. 매매할 때 발생하는 비용이 자기자본에서 상당한 금액을 까먹는다. 보통 중개 수수료와 기타 비용들이 매매가의 5~6% 정도를 차지한다.
4. 보이지 않는 비용도 상당하다. 많은 이들이 유지관리비를 간과한다.

☞ 집을 소유하면서 얻게 되는 돈에만 집착하지 마라.
자택을 소유하고 안 하고는 생활 방식의 차이일 뿐이다.

주식 가격이 지속적인 상승세에 있을 때,
시장을 황소(*bull*)에 비유하고,
그 반대의 경우는 곰(*bear*)에 비유한다.

주식시장

다음은 주식시장을 이해하기 위한 원론적인 내용이다.

1. 보편적으로 우리가 '주식시장'이라 부르는 곳의 목적은 회사의 주식을 사고파는 개인이나 기관을 한 데에 끌어모으기 위함이다.
2. 주식시장은 한 군데로 정해진 장소가 아니다. 주식을 사고팔 수 있는 모든 장소를 일컫는다.
3. 직거래가 이루어지기도 한다. 여전히 일부 극소수의 거래는 증권거래소라는 건물 안에서 이루어진다. 주식 거래자들은 서로를 향해 소리를 지르다가 의견이 절충되면 주식을 거래한다.
4. 오늘날에는 거래가 거의 대부분 전산으로 이루어진다. 전 세계 어디서나 주문을 넣으면 컴퓨터가 알아서 구매자를 찾아 연결시켜준다. 실제 거래는 몇 초 사이에 완료된다.
5. 통상적으로 회사 주식은 주요 증권거래소에 '상장'돼 있어야만 거래가 가능하다. 상장되기 위해서는 회사가 자본금과 상장주식 수 등에 대한 일정한 조건을 갖추고 있어야 한다. 상장 후 주식의 가격이나 가치가 일정 기준 이하로 떨어지면 '상장 폐지'되기도 한다.
6. 주식 거래는 모든 투자자에게 정당하고 투명하게 공시되어야 한다. 예를 들면, 주식투자자들은 아무도 모르는 정보를 알아서는 안 된다(미공개된 정보를 가진 구매자/판매자가 매매거래를 하는 경우 '내부자 거래'가 발생한다).
7. 개별 종목을 사고팔기 위해서는 증권거래소에 등록된 회사를 이용해야 한다. 증권거래소에는 수백 개의 회사가 등록되어 있다. 개인투자자들 상대로 하는 회사도 있고, 주로 기업을 상대로 하는 회사도 있다.

☞ 주식을 매매하면 수수료가 발생한다.
어디에, 어떤 방식으로 지급되는지 확실히 알아둬라.

〈나는 부동산 투자자로서 소질이 있는가?〉

1. 위험 걱정으로 밤새 잠을 못 이룬다. 네/아니요
2. 개인 시간을 갖는 것을 좋아한다. 네/아니요
3. 임대료 독촉 전화를 하는 것이 싫다. 네/아니요
4. 몇 개월 치 임대료를 내지 않은 세입자를 내쫓아야 하는 것이 싫다. 네/아니요
5. 일확천금을 벌 수 있다고 생각한다. 네/아니요

결과: '네'에 대답한 항목이 하나라도 있다면 부동산 투자에 맞지 않는 사람이다. 부동산 투자는 위험하고 일이 많으며 모든 것을 사업으로 여기는 자세가 필요한 일이다.

부동산 투자의 기본

거주하지 않는 부동산을 보유하기만 하는 것은 일반적으로 부동산 투자라고 여겨진다. 부동산 투자로 돈을 벌기 위해서는 매입 가격보다 임대료를 더 비싸게 받으면 된다.

간단한 손익계산서를 통해 살펴보자. 손익계산서는 12개월 동안의 수익, 비용, 부채 상환 내역을 보여준다.

수익(임대료):
집 #1 월세 750달러 x 12 = 9,000달러
집 #2 월세 600달러 x 12 = 7,200달러
　　　　　　　　　　　　 16,200달러
미임대(5%) =　　　　　(810달러)
수익 합계 =　　　　　15,390달러

관리 비용:
부동산세 = 2,500달러 / 보험료 = 1,250달러 / 유지관리비 = 2,250달러 /
기타 = 1,000달러 / 비용 합계: 7,000달러
영업이익: 8,390달러 / 부채 상환 / 원리금 상환 = 5,000달러

현금 유동성: 3,390달러

이 부동산을 매입하는 데 11만 달러가 들었다. 그 중 3만 달러가 자기자본이고 나머지(8만 달러)는 대출금이라면, 부동산 투자 수익은 연 11% 정도이다(3,390달러/30,000달러). 사실상 매달 원리금을 상환하면 그만큼 대출원금이 줄어들기 때문에 수익이 이보다는 조금 높다. 위험과 수익에 따라 연 11%는 아주 양호한 수익률이 될 수도 있다.

☞ 부동산 투자는 공부하고 노력한다면 돈을 벌 수 있는 좋은 수단이 된다.

환율

환율이란 한 단위의 화폐를 살 때 필요한 다른 화폐량을 말한다.
다음은 환율에 대한 이해를 돕기 위한 내용이다.

1. 미국 달러는 전 세계 화폐의 기축통화이다. 예를 들어 오늘 기준 환율로 1유로를 사는 데 1.37달러가 필요하다. 반대로 미국 1달러를 사는 데는 0.72유로가 든다.
2. 환율은 수급에 따라 움직인다. 달러를 사려는 사람이 많으면 환율(다른 화폐에 대한 달러의 가격)은 올라간다. 앞서 예를 든 경우에 대입하면, 달러 수요가 증가하면 1달러를 사는데 80유로가 드는 셈이다.
3. 환율은 항상 변한다. 환율을 변화시키는 요인은 다음과 같다.
    ⓐ 금리: 투자자들은 수익률이 높은 곳에 돈을 투자하게 마련이다. 어떤 국가의 금리가 상승하면 투자자들의 자본은 그곳에 모이게 된다.
    ⓑ 물가상승: 어떤 한 국가의 물가상승률이 높아져 투자자들의 불안감이 커지면 투자자들은 자신의 투자금을 회수하려고 할 것이다. 물가가 상승함에 따라 해당 화폐의 구매력이 떨어지기 때문이다.
    ⓒ 국가 부도에 대한 불안감: 한 국가가 현재 정치적, 경제적 위기를 겪고 있다면, 그 국가의 화폐를 보유한 투자자는 불안해진다. 그래서 좀 더 안정적인 국가의 화폐로 바꾸려고 할 것이다. 세계 경제 위기에는 미국 달러의 수요가 증가하고, 그로 인해 환율이 올라가게 된다(1달러를 사기 위해 돈이 더 많이 필요해진다).
4. 환율은 무역수지(수출액과 수입액의 차이)에 영향을 미친다. 수출 증가는 국내 일자리 증가를 의미하기 때문에 국가는 일반적으로 수출을 장려한다. 하지만 예를 들어, 미국 달러가 강세일 경우 미국 수출품은 상대적으로 비싸진다(다른 화폐가치에 비해). 그러므로 중앙은행은 자국 화폐가 강세가 되는 상황을 우려한다. 수출품의 가격이 너무 비싸지면 수출이 감소할 수 있기 때문이다.

☞ 해외여행을 계획 중이라면 방문 국가의 환율을 확인하고
환전가가 가장 높은 환전소를 찾아라.

"돈은 빌리지도 빌려주지도 마라. 돈과 친구를 모두 잃게 한다.
무엇보다도 너 자신이 가진 것에 충실해라."
— 셰익스피어의 '햄릿' 중 폴로니우스가 레어티즈에게

채권 투자

채권이란 정부나 기업의 부채 상환 의무를 말한다. 채권을 사는 것은 발행인에 돈을 빌려주는 것이다. 다음은 채권의 이해를 돕는 몇 가지 핵심이다.

1. 사람들은 대부분 안정적이고 예측 가능한 수입(발행인에게 지급해야 할 이자)을 원하기 때문에 채권에 투자한다.
2. 발행된 채권은 사고팔 수 있다. 채권의 가치는 금리가 변화함에 따라 오르내린다.
3. 발행된 채권의 가치는 금리와 반대 방향으로 움직인다. 예를 들어, 당신이 연 3퍼센트의 이자가 지급되는 채권을 가지고 있는데 시중금리가 연 5퍼센트로 상승한다고 해 보자. 채권 매입에 관심이 있는 사람은 분명 당신이 가진 채권보다 다른 채권을 선호할 것이다. 결과적으로 당신이 가진 채권의 수요는 감소하고 채권가치는 하락하게 된다. 시중금리가 하락할 때도 같은 원리다. 금리가 연 2퍼센트로 하락하면 당신이 가진 채권은 반대로 매력적으로 보여 가치가 상승하게 된다.
4. 채권의 만기(발행인이 돈을 빌리는 기간)가 길수록, 발행인은 더 높은 이율로 이자를 지급해야 한다.
5. 발행인의 신용도가 낮을수록 이율은 높다. 채권에 투자한 사람은 분명 어느 시점이 되면 돈을 돌려받기 원한다. 발행인의 재정이 부실하다면 높은 이자를 지급해야 투자자를 유치할 수 있다. '부실채권'이라는 것은 발행인의 신용도가 낮은 채권을 의미한다.

'지방채'라는 용어를 들어봤을 것이다. 이것은 지방자치단체가 발행한 채권으로 보통 면세 대상이다(정부 기관은 세금을 부과할 수 없다). 이런 면에서 지방채가 매력적이기는 하지만 이미 면세가 고려된 이자율이 적용된다는 것을 알아야 한다(즉, 다른 채권들보다 이자율이 낮다).

☞ 채권은 안정적인 수입을 원하는 사람들을 위한 투자방법이다.

금을 사는 이유

1971년 전까지 미국은 화폐의 가치가 금 트로이온스 당 35달러로 정해진 금본위제였다. '트로이온스'는 온스보다 10% 무거운 계량 단위이다. 따라서 달러를 금으로 바꾸고 싶으면 포트녹스(Fort Knox)에 가서 금괴를 사야 했다.

그러다 1971년 닉슨 대통령이 "달러는 전적으로 안전하기 때문에 금으로 태환할 필요가 없다."라고 선언한 후, 미국은 금본위제를 폐지했다.

미국 정부가 달러는 '금만큼이나 안전하다'고 주장했지만, 투자자들 생각은 다를 수 있다.

일부 투자자들이 달러보다 금을 선호하는 데에는 몇 가지 이유가 있다.

1. 달러는 미국 재무부에서 언제든지 찍어낼 수 있다. 달러 통화량이 증가하면 물가가 상승하게 되고 달러의 화폐 구매력은 감소한다. 금도 언제든지 캐서 가져올 수 있지만 달러를 인쇄하는 것보다는 금을 캐기가 더 어렵다.
2. 재무부에서 달러를 찍어내지 않더라도 물가 상승을 유발하는 요인은 수없이 많다. 한 예로 원유와 같은 원자재 가격이 폭등하면 물가가 상승하고 달러의 화폐 구매력이 감소한다.
3. 정부가 자국 화폐 가치를 조종하는 경우도 있다. 미 연방준비은행에서 금리를 내리면 다른 화폐에 대한 달러의 가치가 하락한다. 하지만 금은 이런 금리의 영향을 받지 않는다.
4. 국제 정세가 불안하면 금에 투자한다. 정세가 불안할 경우 사람들은 현금보다 금과 같은 실물자산에 투자하는 것을 안전하게 생각한다. 또한, 금은 보석처럼 잔존 가치가 있다. 그런데 금괴를 실제로 소유하는 경우는 드물다. 대신 금에 대한 소유권을 갖는 펀드에 투자한다. 그러므로 금을 분실하거나 도난당할 위험을 걱정할 필요가 없다. 금값은 등락을 반복한다. 하지만 장기적인 관점에서 봤을 때, 미국 금본위제 폐지 이후 금값은 상당히 오른 상태이다. 1971년 트로이온스 당 35달러의 가치였던 금은 2011년 2월 기준으로 약 1,350달러이다(물가상승률보다 훨씬 더 많이 상승했다).

☞ 지난 40년 동안 금값은 40배가 상승했다.

"내 것은 내 것이고, 네 것도 내 것이다. 이제 넘어가자."
— 버니 매도프(Bernie Madoff)가 했을 법한 말(150년 형으로 현재 복역중)

타인의 돈

비즈니스에서 사용되는 표현 중에 '타인의 돈(Other People's Money)'이라는 표현이 있다. 빌린 돈(차입금)을 이용해 투자 수익을 증대시키는 것을 의미한다.

예를 들어, 연 7천 달러의 수익을 내는 자산을 10만 달러에 매입했다고 해보자. 매입금 전액이 자기자본이라면(대출금 없이), 연 7%의 투자 수익을 얻는다.

이번에는 같은 자산을 돈을 빌려서 매입할 경우이다. 매입가의 70%(7만 달러)를 대출하고 연 5%의 이자(3,500달러)를 지급한다고 해보자. 이 경우 자기자본에 대한 수익률은 11.7%가 된다.

7,000달러−3,500달러=3,500달러/30,000달러=11.7%

이 예시는 수익을 급격하게 증가시키는 차입금의 영향력을 잘 보여준 것이다.
타인의 돈에 관해 언급하고 싶은 두 가지가 있다.

1. '타인의 돈'이라는 표현은 사실 부적절하다. 갚아야 할 책임이 없는 부채(비소구 부채)가 아닌 이상, 빌린 돈은 본인의 돈이다. 만기가 되었을 때 돈을 상환하지 않으면 대출기관이 소송을 걸어 부채 상환을 요구 할 것이다.
2. 타인의 돈에 법적으로 갚아야 할 책임이 없다고 가정하더라도, 책임이 있는 것처럼 돈을 다뤄야 한다. 갚아야 할 책임이 없는 투자금, 동업 자본, 혹은 비소구 융자에 해당하는 돈을 '내 돈'처럼 여기기를 바란다.

비즈니스에서 장수하는 확실한 비법은 '타인의 돈'을 '내 돈'처럼 여기는 것이다. 즉, 다른 사람의 자본을 항상 내 자본처럼 다루라는 말이다. 투자자든 동업자든 대출기관이든 그들이 투자한 돈에 기대한 수익을 돌려줄 수 있도록 최대한 노력해야 한다. 이것만 명심한다면 필요할 때 언제든 자본을 댈 수 있는 공급처를 확보할 수 있을 것이다.

☞ '타인의 돈'을 '내 돈'처럼 여기라.

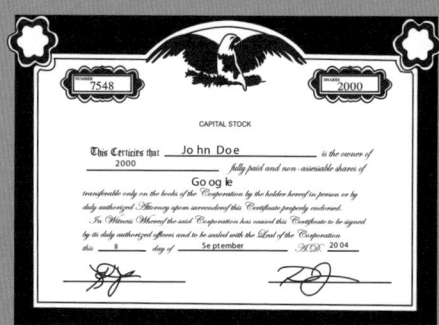

주식 투자

이번 장에서는 주식을 이해하는 데 필요한 8가지 핵심을 살펴보자.

1. 주식이란 한 회사의 지분에 대한 소유권을 의미한다. 주식을 가진 사람은 한 회사의 지분을 갖게 되는 셈이다. 과거에는 증서가 있었으나 현재는 전산으로 기록된다.
2. 배당금은 주주들에게 분배되는 회사 수익금을 말한다. 한편, 회사가 배당금을 지급해야 할 의무는 없다.
3. 주식에는 두 가지 종류가 있다. 바로 보통주와 우선주이다. 우선주는 기업의 수익(배당금 분배 시)과 자산(반대매매 시)에 대해 우대 조치를 받기 때문에 보통주보다 위험이 적다. 이런 이유로 우선주는 보통주만큼 가격 변동이 심하지 않다.
4. 주식 투자에는 무수히 많은 전략이 있다. 배당금이 예측 가능한 주식을 매입하는 보수적인 방법에서부터 회사의 성과가 개선되고 성장하기를 바라면서 그 회사 주식을 매입하는 위험한 투자방법까지 다양하다(주가를 상승시킨다).
5. 뮤추얼 펀드는 주식 투자금을 전문 자산운용회사가 관리하여 수익을 내는 투자 형태이다.
6. 일부 투자자들은 특정 종목 주식의 수익을 반영하는 인덱스펀드를 선호한다. 가장 보편적인 인덱스펀드는 미국의 대기업을 대표하는 S&P 500 지수와 연동되는 상품이다.
7. 투자자가 '롱포지션'을 잡는다는 말은 가격이 상승할 것으로 예상하여 주식을 매수하는 것을 의미한다. 반대로 '숏포지션'은 가격이 하락할 것으로 예상하여 주식을 매도한다는 의미이다.
8. 주가를 나타내는 가장 보편적인 지표는 주가수익률이다. 주가가 정확하게 매겨졌는지 나타내는 측정기준으로써, 주가가 한 주당 순이익의 몇 배가 되는지를 확인할 수 있다.

☞ 다시 한번 말한다. 주식을 매매하면 수수료가 발생한다. 확실히 알아둬라.

"자신의 경제관념은 주로 과거,
특히 어린아이였을 때 받아들인 정보와 '프로그램'으로 이루어져 있다."
― 하브 에커(T. Harv Eker), 『백만장자 시크릿(Secrets of the Millionaire Mind)』

자신의 경제관념 파악하기

돈에 있어서 어떤 이들은 모험을 즐기고, 어떤 이들은 굉장히 보수적이다. 물론 어느 쪽이 옳다고 할 수는 없다. 이번 장의 핵심은 돈을 대하는 자신의 태도 분석을 돕는 것이다.

『백만장자 시크릿』의 저자인 하브 에커는 개인의 '경제관념'에 대해 언급한다. 경제관념은 한 개인이 어릴 적 어떤 양육 환경에서 성장했는가를 보여준다.

열심히 노력한 대가 혹은 똑똑한 거래를 하면 따라오는 자연스러운 결과가 돈이라고 배우며 자란 사람은 아마도 돈을 쓰거나 투자할 때 지나치게 신중하지는 않을 것이다. 이런 사람은 개방적인 경제관념을 갖고 있다.

반대로, 가정형편이 어렵고 부모가 소비에 조심스러운 집안에서 자란 사람은 위축된 경제관념을 가지고 있을 것이다.

자신이 자라온 가정환경을 생각해보라. 돈에 대한 부모님의 태도가 어땠는가? 부모님의 어떤 말이나 행동이 현재 자신의 돈에 대한 태도에 영향을 미쳤는가? 자신은 지나치게 신중한가? 가능한 한 모두 저축하는가? 아니면 위험을 감수하는 모험가적 성향인가?

금전적인 결정을 내릴 때는 냉철하고 이성적으로 판단해야 한다. 지나치게 조심스럽거나 너무 모험가적 성향의 경제관념을 갖고 있으면 올바른 목적을 위한 의사 결정을 하지 못한다. 금전적인 의사 결정은 최대한 논리적으로 이루어져야 한다.

☞ 돈을 대하는 자신의 태도가 어린 시절에서 기인한
건전하지 못한 태도가 되지 않도록 하라.

$$8\overline{)72}^{\,9}$$

72의 법칙

앞에서 이자에 이자가 붙는 복리의 위력에 대해 알아봤다. 복리를 이해하는 방법 중 하나는 72의 법칙이다.

72의 법칙은 투자에 금리가 복리로 적용될 때 원금이 두 배가 되는 데에 걸리는 기간을 산출하는 방법이다. 원리는 다음과 같다.

1. 우선 해당 계좌에 이율이 적용되는 기간을 확인해야 한다. 예를 들어 투자한 통장에 이율이 연 단위로 적용된다고 해보자.
2. 그 다음 해당 이율을 72로 나눈다. 연이율이 6%라면 결과는 12가 된다.
3. 72의 법칙에 의해 원금이 두 배가 되는 데에는 12년이 걸린다. 따라서 원금이 5천 달러라면, 12년 후에는 만 달러가 되는 것이다.

다음은 72의 법칙에서 배울 수 있는 교훈이다.
1. 이율에서의 1~2% 차이가 원금을 두 배로 불리는 데 걸리는 시간에는 엄청난 차이를 가져온다. 예를 들어, 이율이 6%에서 8%가 되면, 원금이 두 배가 되는 기간은 12년에서 9년으로 크게 줄어든다.
2. 돈을 빌리는 입장일 때는 복리법이 위험한 것이 된다. 대출기관에서는 보통 이자 적용기간을 연 단위보다 훨씬 작은 단위로 잡는다. 복리법을 극대화하기 위해서다. 주택저당 대출에는 월이율이 적용되고, 신용카드에는 매일 이율이 적용된다. 결과적으로, 대출금을 상환하지 않은 상태로 대출기관이 복리를 적용한다면, 72의 법칙으로 대출금이 두 배가 되는 기간을 산출할 수 있다.

지금 예시를 통해 계산해볼 수 있지만, 그것보다 더 중요한 것이 있다.
돈을 빌리는 입장이라면 이율은 매일 혹은 월 단위로 청구되며, 지급일을 놓치게 되면 이자는 눈덩이처럼 불어난다는 사실을 명심해야 한다.

☞ 투자나 대출을 고려할 때는 복리법과 72의 법칙을 잊지 마라.

나는 집을 살 능력이 될까?

1. 주택담보대출금
$_____

2. 부동산세
$_____

3. 보험료
$_____

4. 공공요금
$_____

5. 유지관리비
$_____

6. 기타
$_____

생애 첫 내 집 마련

다음은 생애 첫 내 집 마련을 위한 조언이다.

1. 예산을 세우는 것에서부터 시작한다. 부채 상환금(주택담보대출금)은 세후 수입(실수령액)의 25%를 초과하지 않도록 하는 것이 좋다. 자택을 갖게 되면서 드는 총비용, 즉 보험료, 부동산세, 유지관리비 등을 포함한 비용은 세후 수입의 35%를 초과하지 않는 것이 좋다.
2. 온라인으로 시작한다. 살고 싶은 지역을 결정하고 나면 온라인에 검색할 수 있는 좋은 웹사이트가 많다. 이런 웹사이트의 대부분은 부동산 중개업체와 연결된다. 중개업체를 이용하는 것을 권고하지만, 먼저 잘 확인해야 한다. 신뢰도 측면에서 부동산 중개업체는 굉장히 다양하다. 이용하려는 중개업체에 만족한 고객이 있는지 확인하기 바란다.
3. 대출을 받는 일이 내 집 마련의 핵심이다. 주택융자 중개업자를 이용하기를 추천한다(역시 잘 확인해 봐야 한다). 하지만 중개업자의 조언도 은행 등 다른 대출기관에 문의해 다시 한 번 확인해 보는 것이 좋다.
4. 독자적인 건물조사관을 고용한다. 부동산 중개인에게 건물조사관을 추천받으면 친분이 있을 수 있기 때문에 주의해야 한다. 즉, 친분이 있으면 건물 하자 발견 시 계약이 이루어지지 않을 수 있기 때문에 중개인을 고려해 건물 조사를 철저히 하지 않을 수도 있다.
5. 주택담보대출을 신청하면 대출기관은 부동산 거래 종료 시 발생하는 총비용(클로징 비용) 내역을 대출 신청자에게 전달해야 한다. 이 내역서를 예상비용계산서(Good Faith Estimate)라고 한다. 실제 비용이 예상비용의 10%를 초과하지 못하게 법으로 지정되어 있으니 잘 검토해 보기를 바란다.
6. 거래 종료 1~2주 전에 법률가나 관련 업무를 맡아주는 회사를 고용한다. 예상비용계산서 내용 중 어떤 항목에 얼마가 필요한지 확인해야 한다. 그렇지 않으면 거래 종료 당일 당황하게 될지도 모른다.

☞ 내 집 마련 절차를 공부하는 데 투자한 시간은
큰돈을 절약하는 데 도움이 될 것이다.

'나비효과'는 세계 경제에 미치는 강력한 힘을 의미한다.
나비효과는 한 지역에서 많은 나비가 동시에 날갯짓을 하면 그 날갯짓으로 일어난 바람이
다른 지역의 태풍을 일으키는 현상을 말한다.
즉, 전 세계 어디선가 일어난 사건이 미국 경제에 효과를 미칠 수 있다는 뜻이다.

세계화

세계화(Globalization)는 전 세계 다른 지역들을 하나로 통합시키는 것을 의미한다. 세계화에는 다양한 측면이 존재한다. 이번 장에서는 사업가와 투자가로서 알아야 할 몇 가지 측면에 대해 알아보고자 한다.

1. 테러. 테러리즘은 투자에 영향을 미치는 하나의 요인이다. 2001년 9.11테러 발생 후 미국 주식시장은 나흘간 휴장했으며, 재개장했을 때 다우존스 평균 주가 지수는 즉시 684포인트(수십억 달러의 가치) 하락했다.
2. 미국 수출에 대한 수요. 미국 일자리는 건강한 세계 경제에 일부 의존해 있다. 미국 수출에 대한 국제적인 수요가 감소하면 생산을 덜 하게 되고, 그것은 일자리가 줄어드는 것을 의미하기 때문이다.
3. 유가. 쉽게 공급할 수 있는 세계 원유의 80퍼센트는 중동에 있다. 원유 공급이 감소하거나 공급에 차질이 생기면 유가는 상승한다. 석유수출국기구 OPEC은 공급을 증감시킴으로써 유가에 영향을 줄 수 있다. 유가는 미국의 난방유와 휘발유 예산에 영향을 미친다. 유가는 배럴 당 달러로 책정되기 때문이다. 현재는 배럴 당 약 90달러다. 2008년에는 배럴 당 145달러까지 폭등했었다.
4. 환율. 환율은 한 국가의 화폐에 대한 수급에 따라 변화하는 것이 이상적이다. 하지만 많은 국가가 환율을 조종한다. 중국이 가장 대표적인 예다. 중국 정부는 자국 화폐(인민폐) 환율을 결정한다. 달러 대비 자국 화폐를 약세(인민폐 대비 달러 강세)로 유지함으로써 수출 수요를 발생시킨다(미국 수출에 대한 중국 수요를 감소시킨다).
5. 미국 채권의 해외 수요. 미국이 인민폐 환율이 수급에 따라 움직이게 내버려두도록 중국 정부를 강하게 밀어붙이지 못하는 데는 이유가 있다. 중국인이 미국 채권(부채)의 대형 매입자이기 때문이다. 중국인들이 미국 채권을 사지 않으면 미국 정부는 돈을 빌릴 때 더 높은 이자를 지급해야 한다(미국 채권 수요 감소로 인해). 그 결과 신용카드부터 주택담보대출까지 미국의 모든 금리가 상승하게 된다.

☞ 미국 경제는 세계 경제의 일부이다.

미국 국가부채시계 사이트(*www.usdebtclock.org*)를 방문해 보라.

경제와 언론

미국 언론은 경제 뉴스를 보도할 때 주요 지표에 주안점을 둔다. 언론에서 주목하는 지표는 해석할 줄 알아야 한다. 그 중 하나가 소비자 심리 지수이다. 언론 보도는 소비자 기분에 영향을 미치는데, 이는 곧 경제 상태를 나타내는 지표가 된다. 사람은 기분이 좋아야 물건을 사고 투자를 하는 데 돈을 쓰기 때문이다. 그 반대의 경우도 같은 이치다. 다음은 알아야 할 지표들이다.

1. 국내총생산(GNP). 일 년 동안 생산된 미국의 모든 재화와 용역을 말한다. 2010년 GNP는 13조 달러였다. 사람들은 GNP 성장률을 중요시한다. 언론에서 보도하는 분기별 성장률은 연 성장률로 받아들어야 한다. 'GNP가 2사분기에 2.5% 성장했다'라고 보도된 기사의 의미는 4~5월 성장률을 4로 곱한 값이 연 2.5%의 성장률과 같다는 말이다. 보편적으로 성장률이 3% 이상이면 양호하다고 인식된다.
2. GNP 대비 미국 국채 비율. 미국 국채는 약 14조 달러로 대략 GNP의 100%에 해당한다. 이 부채에 대한 이자액만 해도 약 3조 3천억 달러이다. GNP는 미국의 세금 수입원이기 때문에 이 금액은 굉장히 위협적인 수치이다. 다시 말하면, GNP의 25%는 여지없이 국채 상환에 쓰인다.
3. 적자. 미국 정부는 현재 적자 상태로 운영되고 있다. 수입(세금)이 지출(군사, 사법, 의료)에 비해 1조 3천억 달러(적자)가 부족한 상태다. 이 부족액은 어딘가에서 충당되어야 하는데 그 어딘가는 미국 국채를 사는(미국 돈을 빌리는) 사람과 국가를 의미한다.
4. 무역수지. 미국 수출입의 수불을 말한다. 총수출이 수입보다 적으면 무역수지는 적자가 된다. 무역수지의 적자는 경제학자(그리고 언론)의 걱정거리이다. 수출이 늘어나야 생산이 늘고, 생산을 많이 할수록 일자리가 더 많아지기 때문이다.
5. 금리. 언론에서 다루는 금리에는 여러 가지가 있다. 연방기금 금리(쉽게 말해, 은행이 정부에서 대출할 때 지급하는 이율), 주택담보대출 30년 고정금리, 10년 만기 재무성 채권 금리가 그것이다. 각각의 금리 변동으로 현재(혹은 미래) 경제 상황을 알 수 있다. 한 예로, 주택담보대출 금리는 미국 주택 수요에 영향을 미치게 된다(2011년 주요 이슈).

☞ 매일 신문을 읽고 경제 발전의 정상에 서라.

"인간은 투기로 가득한 환상의 세계를 만들기 시작했다."
— 존 케네스 갤브레이스(John Kenneth Galbraith), 『대폭락 1929(The Great Crash, 1929)』

"사람들은 무리를 지어 생각하곤 했다.
군중은 집단으로 미쳤다가 나중에야 천천히, 개별적으로 지각을 되찾게 된다."
— 찰스 매케이(Charles Mackay), 『대중의 미망과 광기(Extraordinary Popular Delusions)』

'과거는 미래의 서막이다'

많은 투자자가 사용하는 표현 중 '과거는 미래의 서막이다.'라는 말이 있다. 이 표현의 의미는 과거에 일어난 일은 미래에 다시 발생할 것이라는 뜻이다
투자자로서 성공하기 위해서는 역사를 잘 알아야 한다(어떤 사건으로 어떤 결과가, 왜 발생했는가). 예를 들어보자. 과거에 발생한 주택 사태로 인해 경제는 여전히 휘청거리고 있다. 1998년에서 2006년 사이 주택 가격이 폭등했었다(연 20%에 가까운 상승률). 그 당시 주택 소유자, 대출기관, 투자자의 90%가 주택 가격이 계속 상승할 것이라고 예측했다(적어도 하락하지는 않을 것이라고 했다). 하지만 나머지 10%의 의견은 반대였다. 이 10%는 역사를 아는 사람들이다.

① 역사상 자산집단이 연 20%로 연속 상승한 적이 없었다.
② 최근 50년 동안 주택 가격은 연 3% 상승했다.
③ 금리를 인위적으로 낮추면 가격에 거품이 낀다(결국 붕괴된다).
④ 이 경우 주택을 구입한 행복감은 불행으로 막을 내린다. 10% 사람들은 주택 가격이 계속 상승할 것이라고 예측한 90%(주택소유자, 대출기관, 투자자들)가 틀렸다고 확신했고, 결국 그 확신이 옳았다. 하지만 이번 장의 주제는 주택 시장이 아니라 열풍에 관한 이야기이다.

1995년에서 2000년 사이 닷컴주('dotcom' stocks) 열풍이 불었을 때 디지털과 관련이 있는 주식이라면 사업 아이템과 관계없이 모두 자금을 끌어들였다. 닷컴주 구매 열풍에 합류하지 않았던 사람들(워런 버핏 등)은 역사를 아는 이들이었다. 17세기 네덜란드에서 튤립이 대유행했다. 튤립 씨앗 가격이 천정부지로 치솟았지만 비싸도 누군가 살 것이라 생각했을 때 하지만 생각처럼 되지 않은 튤립 사업은 결국 모래성처럼 무너졌고 투기꾼들은 모든 것을 잃었다. 닷컴주 열풍에 동참하지 않았던 사람들은 아마 네덜란드의 튤립 시장을 떠올렸을 것이다. 사업이나 투자를 할 때 비싸도 팔릴 것이라는 근거 없는 이유로 가격이 치솟으면 거기에 동참하지 않아야 한다. 이것이 투자자가 역사에서 배우는 수많은 교훈 중 하나이다.

☞ 과거에 일어난 일에서 배워라, 비슷한 일이 또 발생할 가능성이 크다.

짐 란델 지음
콜롬비아 대학 로스쿨을 졸업했다. 부동산 변호사이자 부동산 개발업자이며 기업가이다.
하버드대와 뉴욕대 비즈니스 스쿨, 국가 기관들의 연례회의, 미국의 많은 대기업들의 투자회의에 초빙되어 강연하고 있으며
ABC, CBS, Fox, Fox Business, BetterTV.com 에도 자주 출연하고 있다.
그의 첫 번째 저서인 『부동산 게임(The Real Estate Game)』은 1986년에 출간되었고, 투자자들과 평론가들로부터 호평을 받았다. 1988년도부터 1990년까지 『파이낸셜 뉴스 네트워크(Financial News Network)』의 고정 해설 위원이었으며, 2006년에는 『부동산 기업가의 고백(Confessions of a Real Estate Entrepreneur)』을 집필했고, 이는 아마존 장르 베스트셀러 1위를 하기도 했다. 그 밖의 저서로는 『스키니 온 시리즈(The Skinny On™ Series)』 『어느 부동산 사업가의 고백(Confessions of a Real Estate Entrepreneur)』 『부동산 게임(The Real Estate Game)』 등이 있다.

신소영 옮김
연세대학교 영어영문학과를 졸업한 후, 이화여자대학교 통번역 대학원 한영 번역과에 재학중이다.
역서로는 『팔지않고 사게 만드는 판매 원칙 33』 등이 있으며 현재 현재 전문 통번역가로 활동중이다

스트리트 스마트

2014년 5월 10일 1판 1쇄 인쇄
2014년 5월 15일 1판 1쇄 발행

펴낸곳 | 파주북
펴낸이 | 하명호
지은이 | 짐 란델
옮긴이 | 신소영
주   소 | 경기도 고양시 일산서구 대화동 2058-9호
전화 | (031)906-3426
팩스 | (031)906-3427
e-Mail | dhbooks96@hanmail.net
출판등록 제2013-000177호
ISBN 979-11-951713-3-0 (03320)
값 14,000원

• **파주북**은 **동해출판**의 자회사입니다.
• 값은 뒷표지에 있습니다.
• 잘못 만들어진 책은 구입하신 서점에서 바꿔 드립니다.